TAYLOR SWIFT

In Her Own Words

Agate Publishing, Inc.

本人自らの発言だからこそ見える真実

テイラー・スウィフトの生声《なまごえ》

ヘレナ・ハント=編　梅澤乃奈=訳

文響社

生声とは

生声《なまごえ》とは、
その人物自身がインタビューやコンサート、
受賞式などで発言した、
ありのままの言葉である。

本シリーズは、
世界に影響を与える人物の素顔と、
その哲学の核心を、第三者による脚色がない、
純度の高い言葉を通してお届けする。

Taylor Swift In Her Own Words
edited by Helena Hunt.

First published in the United States by Agate Publishing, Inc.
Japanese translation and English reprint rights arrangement with Agate Publishing, Inc.
c/o Nordlyset Literary Agency, Minnesota
through Tuttle-Mori Agency, Inc, Tokyo

序章

自分の曲をつくりあげる並外れた才能

ペンシルベニア州のクリスマスツリー農園で両親と暮らしていた彼女が、はじめてギターを弾いたのは11、2歳のころだった。そのときから、テイラー・スウィフトはイメージやストーリーをつくりあげるのが抜群にうまかった。両親は共に金融機関に勤めており（母親のアンドレアは、テイラーと弟のオースティンの世話をするために家庭に入った）、どちらも音楽業界での経験など皆無だった。しかしテイラーは、とてつもない音楽の才能を秘めていただけではなく、それを人々に聴かせる術まで心得ていた。

スターになることを夢見る子どもたちのなかで、特に目立った存在にならなくてはいけないとわかっていた、と彼女は語った。だれよりも努力をして、だれよりも優れた歌手でなくてはならない、と。ギターを練習し、バーベキュー会場やボーイスカウトの催しなどで弾き語りを披露した。そして中学生にして、ナッシュビルの音楽会社にデモテープを送った。彼女が類まれなる才能の持ち主だと証明し、ナッシュビルの音楽産業地帯であるミュージック・ロウに認められたのは、年齢を感じさせないほど洗練されていながら、キャッチーさと親しみやすさを兼ね備えた自作の曲があってこそだった。

これら最初期の曲にも、後のアルバム、『1989』や『レピュテーション』に受け継がれている彼女の信念が刻まれている。たとえばキャリアの初期で完成させた『ジ・アウトサイド』という曲では、実際に中学校で経験したいじめや孤立について歌われている。彼女が制作した多くの曲がそうであるように、自身のつらい経験を糧にしてつくりあげた曲だ。テイラーは、つらい時期や痛みを成功の鍵へと変貌させた特異《アウトサイダー》な才能の持ち主であり、**だれもが経験する挫折を、だれもが愛する音楽へと生まれ変わらせることができる人物なのだ。**

ナッシュビル（当時14歳だったテイラーが、両親に頼みこんで引っ越した都市）では、彼女が授業の合間に書き綴った、いじめや高校生同士の恋愛、挫折をコンセプトにした曲に、カントリーミュージックの購買層が食いつくとは思わないと、多くのレコード会社が主張した。しかしテイラーは、自身の持つ心象と魅力をだれよりも理解していた。『アワーソング』を例に見ても、深夜の打ち明け話や口うるさい両親について書かれた歌詞に同級生が共感し、彼女が通っていた高校で大人気となった。たとえ聴いてくれる人がいなくても、曲の世界観を大切にし、強いメッセージを込めた。そのメッセージを世に広めるために不可欠だったのが、音楽業界関係者の協力だった。

レコード会社と手を組み成功への道を歩む

ユニバーサルミュージックグループに勤めながら、自らレコード会社の立ちあげを計画していたスコット・ボーチェッタこそが、その協力者だった。ナッシュビルにあるブルーバード・カフェでライブをしていたテイラーをスカウトし、当時まだ未設立だったビッグマシン・レコードに来ないかと持ちかけ、契約を成立させた。こうしてテイラーは、のちにデビュー・アルバムを含む6枚のアルバムを記録的な大ヒットへと導くレコード会社と手を組むこととなった。

テイラーのような歌手を待ちつづけていたファンの心を、彼女はあっという間につかんでみせた。ファースト・シングルである『ティム・マグロウ』と、自身の名前から銘打ったアルバム『テイラー・スウィフト』は、どちらもカントリー・チャートにランクインを果たし、多くの賞番組から注目されて幅広いファン層から支持されることとなった。テイラーは休むことなくプロモーション活動を行い、自宅学習をつづけながらツアーやレコーディングをこなした。

こうして、カントリーミュージック界へ強烈な殴り込みをかけたのだ。ラジオパーソナリティやテレビ番組の司会者の質問に答えるテイラーは、いたって普通の10代の女の子だった。自らの成功に圧倒され、冗談を聞けば笑い、盛りあがる話題と言えば彼氏や中学時代に受けたいじめについて。10代の少女が経験したことをさらけだすのは自然なことであり、歌にするにはもってこいの題材だ。**テイラーは自身の持つ普通っぽさで、普通ではない成功を手にした。**

『フィアレス』と『スピーク・ナウ』を発表するころには、テイラーの成功は疑う余地のないものとなっていた。まだセカンド・アルバムだというのに『フィアレス』はビルボード200チャートで1位を獲得し、その年のグラミー賞でアルバム・オブ・ザ・イヤーを受賞した。さらに、自身初となるワールドツアーも発表された。まさに〝小さな田舎町からやって来た少女〟だったテイラーのイメージは、このころを境に変わりはじめた。(『ユー・ビロング・ウィズ・ミー』のミュージックビデオで見せた)地味なまじめっ子と、(『ラヴ・ストーリー』のミュージックビデオで見せた)おとぎ話のプリンセス、両方のイメージを兼ね備えるようになっていた。それは、多くの女子高校生たちが学校生活と自分だけの世界で抱く、彼女たち自身のイメージそのものだった。

『スピーク・ナウ』でのステップアップ

『スピーク・ナウ』は『テイラー・スウィフト』と同様に、いじめと傷心をテーマにしたものだが、もはや高校生の悩みのレベルをはるかに超えていた。『ミーン』という楽曲もグラミー賞で2冠を果たしたが、もとはと言えば、同賞のステージでスティーヴィー・ニックス[1]と共に『リアノン』[2]を披露した際に、テイラーの歌唱を酷評した批評家に向けてつくられたものだ。『イノセント』では、

ＭＴＶのビデオ・ミュージック・アワード（ＶＭＡ）を受賞している最中のテイラーのステージに、恥ずかしげもなく乱入してきたカニエ・ウエストを許し、どこか子ども扱いさえしている。

『スピーク・ナウ』で歌われている恋の相手は、フットボールチームの主将やどこにでもいる男の子ではなくなっていた。ジョン・メイヤー[3]にジョー・ジョナス[4]、それからテイラー・ロートナー[5]といった、実力派の著名人ばかりだ（メディアに自らの恋愛を打ち明けるような人ではないので、真偽は定かではない）。

音楽も大規模になった。『ホーンテッド』では大がかりなオーケストラのアレンジを取り入れ、『ディア・ジョン』や『エンチャンテッド』は、鼻にかかった声で3分間歌いあげる従来のカントリーミュージックとは異なり、シンプルなメロディから見事なポップミュージックの歌い方へと巧みに移行してみせた。

ツアーと、休むことなくつづけていた『スピーク・ナウ』のプロモーション活動が終わるころには、テイラーはさらに1歩、大人へと近づいていた。瞳に浮かんでいた星屑は、1つずつ消えていった。『ニューヨーカー』という雑誌上で、2011年にテイラーの紹介記事が掲載された。当時『スピーク・ナウ』を引っ提げてのツアー中だった彼女について、次のように書かれている。

「テイラーは人生観が変わったと発言した。『いかに満足感を得るかが大切。（中略）どんなときも、バカみたいにハッピーってわけにはいかないから』次のアルバム用に、すでに10曲ほどを書きあげたとのこと。どんな曲なのか、という問いには次のように答えた。『正直に答えるなら、悲しい曲かな？』」

カントリーからポップへ大きく進化

そして発表されたアルバムが、これまでのカントリー調から大きく離れ、ポッ

1）アメリカ出身の女性ボーカル、シンガーソングライター。
2）スティーヴィー・ニックスが在籍したフリートウッド・マックというバンドが1975年に発表したヒット曲。
3）アメリカ出身のシンガーソングライター。
4）アメリカ出身のミュージシャン・ダンサー。兄弟で結成したジョナス・ブラザーズのメンバー。
5）アメリカ出身の俳優。

プで大人の雰囲気を兼ね備えた『レッド』だ。『レッド』はテイラーが20代になって最初に制作したアルバムであり、その収録曲と言えば、主に失恋について考えを巡らせているもので（ウワサによれば、ジェイク・ギレンホール[6]との破局が原因だったとか）、10代でスターとなった彼女の成長ぶりをうかがわせた。

　長年、共同制作者を務めるリズ・ローズと書きあげた『オール・トゥ・ウェル』は、失恋後の切なさが募る情感を細部にまでこだわって表現し、ファンからの人気が高い1曲となっている。伝説的なプロデューサーであるスウェーデン人のマックス・マーティンとシェルバック[7]と組んだポップな曲（『ウィー・アー・ネヴァー・エヴァー・ゲッティング・バック・トゥゲザー』に『アイ・ニュー・ユー・ワー・トラブル』や『22』など）からは、テイラーの成長と、さまざまな共同制作者たちとつくる新たなサウンドに対する熱意がうかがえる。

『レッド』は、テイラーが抱えた心の痛みをオブラートに包むようにして制作されたにもかかわらず、にじみでる感情はどれも生々しいものばかりだった。『レッド』のプロモーション活動では、前アルバム発表時のインタビューよりも心を閉ざしているように見受けられる場面が多かった。

『ザ・ラッキー・ワン』のような曲を聴けば、有名人でいることの苦労がうかがえる。私生活に関するウワサが飛び交うことに神経をすり減らし、求められるパフォーマンスへの重責がのしかかっているのは明らかだった。

確かにたいていの20代よりも大きな悩みを抱えていたが、テイラーがファンと共に成長し、1人の人間として感じる不安と心の痛みを『レッド』に詰めこんだからこそ、多くの共感を生んだと言える。成長をつづけながらも、テイラーは世間が抱くイメージに自らの経験を反映させる器用さを失わなかった。近づき難い存在でありながら（どう言っても、ポップスターなのだから）傷つきやすく繊細、という両面を兼ね備えたのだ。

『レッド』がテイラーの抱える名声やキャリア、そして私生活の重さ――たとえ、その一部でも――を表したアルバムだとするなら、『1989』は、それらを払いのけた作品だ。テイラーがはじめて公式にポップアルバムだと認めた1枚

6）アメリカ出身の俳優。

7）スウェーデン出身の音楽プロデューサー、ソングライター。師弟のような関係で2人1組で仕事をすることも多い。

で、すべてのはじまりだったカントリーから離れた作品でもあり、ある意味で大きな賭けだった。この作品で人間関係から解放され（『クリーン』）、ゴシップや批判を無視し（『シェイク・イット・オフ』）、数々の熱愛報道をネタにし（『ブランク・スペース』）、アルバムの発表サイクルだとか、名声や人付き合いなどに左右されないように確固たる意志を固めた（『ウェルカム・トゥ・ニューヨーク』）。

レコード会社はポップソングばかりのアルバムを発表することに乗り気ではなかったが、ふたを開けてみれば『1989』は大成功を収め、第1週目にして128.7万枚の売り上げを記録し、グラミー賞のアルバム・オブ・ザ・イヤーを受賞したばかりか、2014年に全米で最も売れたアルバムとなった。

テイラーは自らの影響力を理解していた。だれかにノーと言われれば、キャリアやイメージを築くのは彼女自身であり、レコード会社でも、メディアでも、音楽業界でもないのだということを明確にしてきた。

音楽配信サービスとの闘い

テイラーは『１９８９』をスポティファイで配信しないという大きな決断を下し、過去に発表した全作品も音楽配信サービスから撤退させた。さらに、アップル・ミュージックを使用している顧客に対して与えられる3か月間の無料お試し期間においては、その間にダウンロードされた楽曲の印税がアーティストには支払われていないと知るや否や、同社を批判する文言を公に発表した。

アルバムの売り上げを伸ばすためにスポティファイから撤退したとか、支払われた金額に不満があったのでは、などと言う者もいた。テイラーは反論したが、彼女のようなだれもが知るポップスターばかりでなく、音楽をはじめたばかりの新人や、いつかバンドでデビューしたいと夢見るインディーズアーティストたちにとっても不公平だった制度に注目が集まる結果となった。

すべてのミュージシャンに、音楽の対価が支払われるべきであり、ファンも企業も、音楽は無料で聴けるようなものではないと認識を改めなくてはならない。業界は、それなりの対応をしてみせた。アップル・ミュージックは無料お試し期間であってもアーティストへの支払いを行うことに合意した。２０１８年にテイラーが契約を結んだユニバーサルミュージックグループは、スポティファイで配信する楽曲に関して、前払い金が支払われていたとしても分配金を支払うと同意した。テイラーはミリオンセラーを達成したことで、たとえ配信されている楽曲であっても、（少なくとも、彼女の音楽に関しては）お金を払って買いたいと思ってくれる人はまだいるのだと証明してみせた。

くじけないテイラー

それでも、あくまでテイラーはポップスターだった。音楽業界に関して苦言を呈しても、キャリアに大きな変化をもたらしても、熱愛に関するばかげた質問はなくならなかった。『1989』の発表から数年が過ぎてもくだらない議論が終わることはなく、アーティストとしてのテイラーの行動にも多大なる影響を与えた。

2009年のVMAでカニエ・ウエストが公の場でテイラーを侮辱したあと、2人は（時に苦労しながらも）同盟のような関係を築いていた。カニエが『フェイマス』という楽曲のレコーディング中に〝いつかテイラーとヤっちまうかもな〟という歌詞で名前を使っても構わないかと、テイラーにお伺いをたてたのはそのためだ。ところが同曲が発表されると、テイラー陣営は曲中で「ビッチ」と呼ばれることに関しては認めた覚えがないと申し立てた。言った、言わないの水掛け論がつづき、テイラーが使用を認める旨を発言している録音データをキム・カーダシアン（当時のカニエの妻）が発表する騒ぎとなったが、テイラー自身は二度とこの話題に巻きこまないでほしいと訴えていた。

一連の騒動や、元恋人のカルヴィン・ハリス[8]やケイティ・ペリー[9]との仲違い（報道によれば、だが）が原因で、テイラーが自らの地位を利用して他人の成功を邪魔するような、意地悪で薄情な女王様気取りの歌姫だと思う人もでてきた。アルバム『テイラー・スウィフト』期の、巻き毛の純粋な少女も、『レッド』期の悲しみに打ちひしがれたひたむきな歌手も、人々の記憶から忘れ去られてしまった。しかし、いつものことながら、テイラーはくじけない。時間はかかっても、ウワサを新たなイメージとして取り入れてしまう。

8）スコットランド出身の音楽プロデューサー、DJ、シンガーソングライター。
9）アメリカ出身のシンガーソングライター。

2017年の後半に、テイラーはソーシャル・メディア上の投稿をすべて削除した。その数日後、とぐろを巻くヘビの動画をつづけざまに投稿した（カニエ夫婦との騒動のあいだ、キムと取り巻きたちは、テイラーのことをヘビと呼んでいた）。そのあとすぐ、テイラーは新アルバム『レピュテーション』のリリースを発表して『ルック・ワット・ユー・メイド・ミー・ドゥー』をリリースした。歌詞とミュージックビデオは、例の抗争を元に制作されており、より勝ち気で、たくましく生まれ変わったテイラーを表していた。

物議をかもした同曲の途中で、「昔のテイラーは電話にでられないわ。なぜかって？　だって死んじゃったんだもの」という台詞を口にしている。『ブランク・スペース』でもやってみせたように、テイラーは評判（レピュテーション）を利用し、ネガティブな要素を受け入れて、笑い者にされることも、けんかの火種がまかれることもないようにしてみせた。

テイラーはデビューしてからずっと、自分は繊細すぎる性格だと公言してきた。繊細で敏感な心の持ち主にとって、いじめをやり返すのではなく、自らがヘビのように強くなること以上に最良な道があるだろうか？

変わらないテイラー

とはいえ、テイラーが自らのイメージをくつがえすためだけに音楽を利用したことは一度もない。ファンたちは、憧れのスターが今までと変わらず『レピュテーション』でも心の内を見せてくれるとわかっていた。怒りと裏切りだけではなく、痛み、希望、そして愛情を感じているはずだと。『レピュテーション』の大がかりなプロモーションは、テイラー自身の言葉を借りるなら「おとり商法」だった。アルバムがリリースされるまでは、人間味のある楽曲を隠しておこうとしたのだ。

アルバムに収録された『デリケート』や『ニューイヤーズ・デイ』といった曲では、霧のように立ちこめる評判のなかで、テイラーが恋に落ちた経験を歌っている。アルバム自体がイメージづくりの一環だったとしても、『レピュテーション』を聴いた多くの人がテイラーに共感を覚えた。他人からどう思われているか不安にならない人などいるだろうか？　いじめられ、傷ついて、恋に落ちる――

だれもが感じる恐怖、そして喜び、これら双方を基盤としてきたからこそ、テイラーは大成功を収めた。

テイラー・スウィフトが次に見せてくれたものとは？　虹、花、蝶、新入りの子猫といった近ごろのテイラーが見せるイメージどおりの鮮やかなアルバムが、燃え尽きた評判（レピュテーション）のなかからよみがえった。『ラヴァー』期は、おっちょこちょいで、乙女チックで、正直な少女に戻ったようだった。テイラーは何も変わっていない、と証明してくれた。

本書はテイラー・スウィフトを分析したり、批判したりするような内容の本ではない。これは、ポップスターの自由な発言からつくりあげた1冊だ。ここにはテイラーを表す言葉が詰まっている。彼女の変化、失墜、再起、権利の主張、新たな発想について語った言葉たち。そして歌手としてだけではなく、活動家として、アーティスト代表として、急な成長を求められながらも堅実さを守りつづけ、1人の若い女性として金字塔を打ち立てた、彼女自身の発言集だ。

CONTENTS

PART 2

カントリーからポップへ

2010-2013

CONTENTS

PART 3

権利

2014-2015

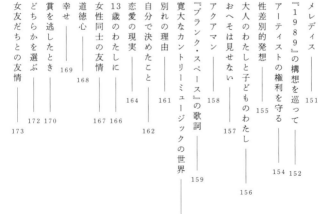

PART 4 勇気と行動

2016-2019

PART 1

2006-2009

デビュー

幼いころから
カントリーミュージックの
歌手を夢見て
地道に努力を重ねていたテイラー。
2006年に
シングル『ティム・マグロウ』で
デビューを果たし、
以降も順調に楽曲を発表。
音楽賞やソロツアーなどへと
つながっていく。

テイラー・スウィフトの歩み PART 1

1989

1989年12月13日、ペンシルベニア州レディングで、テイラー・アリソン・スウィフトが誕生。

2003

RCAレコードと試験的に契約を結ぶ。その後、会社側がCDデビューはテイラーが18歳になってからとの意向を示したため、彼女はそれを待たずに契約を解除することを決める。

2004

テイラーがナッシュビルのミュージック・ロウでチャンスをつかめるようにと、一家はナッシュビルの外れに位置するテネシー州のヘンダーソンヴィルに移り住む。

ナッシュビルのブルーバード・カフェでパフォーマンスを行うようになる。そこで、ユニバーサルミュージックでカントリーミュージックのプロデュース経験を積んだスコット・ボーチェッタと出会う。

2005

ボーチェッタがビッグマシン・レコードを設立し、テイラーと契約を結ぶ。

2006

ファースト・シングル『ティム・マグロウ』がリリースされる。

アルバム『テイラー・スウィフト』がリリースされる。ビルボード200では最高5位を記録。

2007

第42回アカデミー・オブ・カントリーミュージック（ACM賞）の最優秀新人女性ボーカリスト賞にノミネートされる。受賞は逃したものの『ティム・マグロウ』の歌唱中にティム・マグロウ本人との初対面を果たす。

シングル曲としてリリースされた『アワーソング』がビルボード・ホット・カントリーソング・チャートで自身初と

なる首位を獲得する。

2007年カントリー・ミュージック・アソシエーション・アワード（CMA賞）のホライズン・アワード（前途有望な新人アーティストへ贈られる賞）を受賞する。

ACM賞の最優秀新人女性ボーカリスト賞を獲得する。

両親が認めてくれなかったという青年への思いを歌った『ラヴ・ストーリー』が自身初となる世界的ヒット曲となり、カントリー・チャートのみならず、ポップ・チャートでも好成績を収める。

セカンド・アルバム『フィアレス』がリリースされる。ビルボード200で首位及び2009年で最も売れたアルバムとなる。

自身初のソロツアーを決行する。チケットは完売。アジア、オーストラリア、ヨーロッパを回った。

若い世代や世界中のファンにカントリーミュージックを広めたことが認められ、第44回アカデミー・オブ・カントリーミュージックのクリスタル・マイルストーン賞に選ばれる。

『ユー・ビロング・ウィズ・ミー』で、2009年MTVビデオ・ミュージック・アワード（VMAs）の最優秀女性アーティストビデオ賞を受賞。カニエ・ウエストがテイラーの受賞スピーチの最中に乱入し、ビヨンセが受賞すべきだったと発言して悪評を買う。

実家をでて、ナッシュビルに199万ドル（約2億円）のマンションを購入。

曲づくりに大切なもの

たくさんの人が、面と向かって聞いてくる。「君、まだ16歳でしょ？ いったい何人の男の子と付き合ってきたの？」ってね。全然そんなんじゃないのに。友だちの経験談とか、近所に住んでるカップルのことを歌にしているだけ。曲づくりって、ときには経験よりも観察力がものを言うんだから。

――Yahoo! 2006年10月24日

A lot of people look at me and are just like, "You're 16. How many boyfriends have you had?" And I haven't had that many boyfriends at all. I just like to take examples of what my friends are going through or examples of what the couple next door is going through. And songwriting is a lot more observing than it is experiencing, in some cases.

どこにでもいる人間に
なってしまうことが、
とにかく怖い。

「AP通信」2006年11月21日

I'm intimidated by the fear of being average.

『ジ・アウトサイド』

『ジ・アウトサイド』は、苦しかった学校生活を歌った曲なの。今日はだれかとおしゃべりできるかな、なんて考えながら学校へ行く日もあった。友だちがいなくて、いつも独りぼっちで過ごしていたから。わたしが曲づくりをはじめたきっかけのすべてが、この曲には詰まってるような気がする。「つらいときに寄り添ってくれるのはいつだって友だちよりも音楽」そんなふうに思っていた時期に書いた曲だからね。

――「Unplugged at Studio 330」 2006年12月5日

I wrote ["The Outside"] about the trouble I was having at school when I was younger. You know, I'd go to school some days and not know if I was gonna have a conversation with anybody. I mean, I was really sort of an outcast and spent a lot of time on the outside looking in. And I think, you know, this song is really sort of the basis on why I started to write songs, because I was at a point in my life where I just kind of said, "You know what? People haven't always been there for me, but music always has."

どこかのレコード会社と契約を結びたいなら「有名な歌手みたいに歌えます」なんて絶対に言っちゃダメ。何があっても、これは禁句。「そうか。じゃあ、その有名歌手1人で足りているから、君とは契約しない」って言われるのがオチだからね。若いアーティストは、自分だけのサウンドを見つけなくちゃ。だれかのマネなんてしなくていいの。

――『ソングライター・ユニヴァース・オンライン・マガジン』
2007年2月16日

When you are trying to shop for a label deal, never use the phrase "I sound just like [another famous artist]." Don't say that to the labels. They'll say "Well, we already have those big-name artists [so we don't need to sign you]." For young artists, try to sound original, so you don't sound like anyone else.

年齢を武器にしない

人より優位に立つために年齢を武器にするなんて絶対にイヤ。それは音楽に任せておく。17歳だってことを隠したりはしないけど、大々的に売りだすこともしない。年齢より音楽で勝負したいから。実際のところ17歳っていう年齢は、ラジオ局や、そのリスナーである中高年者に実力を認めてもらう上では障壁みたいなものだと思うんだけど。

――『エンターテインメント・ウィークリー』誌 2007年7月25日

I've never wanted to use my age as a gimmick, as something that would get me ahead of other people. I've wanted the music to do that. So we've never hidden the fact that I'm 17, but we've never wanted it to be the headline. Because I want the music to win. I think the actual truth of the matter is that being 17 has been sort of an obstacle, just in proving yourself to radio and proving yourself to middle-aged people listening to the radio.

たくさんいる女性歌手のうちの1人、にはなりたくなかった。ほかの歌手とは違う何かが欲しかった。そして、それはわたしがつくる音楽なんだって気づいた。

――『エンターテインメント・ウィークリー』誌　2007年7月25日

I didn't want to just be another girl singer. I wanted there to be something that set me apart. And I knew that had to be my writing.

夢を叶えるために

10歳のころ、大勢の観客が歓声をあげるステージへ歩みでて、はじめてスポットライトを浴びるときのことを、夜も眠らずに空想していた。そこまでの道のりを、しっかり計算していた。夢を叶えるために何をすればいいか、常に考えていたから。ただボーっと空想していたわけじゃやない。

『カントリー・ウィークリー』誌　2007年12月3日

When I was 10 years old, I'd lie awake at night and think about the roaring crowd and walking out onstage and that light hitting me for the first time. But I was always very calculated about it. I would think about exactly how I was going to get there, not just how it would feel to be there.

「ビッグマシン」設立当初の思い出

レコード会社「ビッグマシン」の設立当初は、従業員が10人しかいなかった。だからわたしのファースト・シングルがリリースされたときは、CDを封筒に入れてラジオ局へ送るのをママと一緒に手伝ったの。事務所には家具すらそろっていなくて、みんなで床に座りこんで作業をしたっけ。

——『エンターテインメント・ウィークリー』誌 2008年2月5日

They only had 10 employees at the record label [Big Machine] to start out with, so when they were releasing my first single, my mom and I came in to help stuff the CD singles into envelopes to send to radio. We sat out on the floor and did it because there wasn't furniture at the label yet.

学生のころは、自分の髪が大嫌いだった。とにかくクルクルだったから。同級生みたいに、ストレートヘアにしたくてたまらなかった。なんとかまっすぐ伸ばそうと努力して、朝から何時間もかけていたくらい。ところが、ある朝目が覚めたときに気づいたの。人と違うからといって、それが悪いわけじゃないんだって。

――『セブンティーン』誌　アメリカ版表紙撮影にて
2008年5月5日

When I was growing up and I was in school, I hated my hair. I have really curly hair. . . . Everybody had straight hair, and I wanted straight hair so bad. And I always tried to straighten it, and I spent, like, hours in the morning trying. And then I woke up one day and I realized that just because something is different than everybody else doesn't make it bad.

ボーカル技術よりも

どこかで作詞家としての性分が働いちゃって、ボーカル技術よりも歌の意味を大事にしちゃうところがある。技術とかって、わたしには数学の問題みたい。歌い方とか、いろんなことを頭で考えるような、そういう歌手にはなりたくない。

――『ロサンゼルス・タイムズ』紙 2008年10月26日

I think it's the writer in me that's a little more obsessed with the meaning of the song than the vocal technique. All that stuff is like math to me. Over-thinking vocals and stuff—I never want to get to that point.

歌詞カードに大文字のアルファベットを紛れこませて、暗号をつくるのが好き。つなぎ合わせたら言葉になるようにするの。『シュドヴ・セッド・ノー』では、ある男性の名前を何度もだした。ファースト・ネームだけだったけど、だれのことか世界中が気づいてたでしょ。彼から何通もメールが来た。トークショーで彼を吊るしあげる気なんじゃないかと思ったらしくて、とんでもなく慌ててた。「だからシュドヴ・セッド・ノー(はっきり断るべきだった)って言ってるの。あの曲から学びなさい」としか思えなかったけどね。

――「ウィメンズヘルス」2008年11月3日

I like to encode capital letters in the printed lyrics, so they spell out phrases. I encoded the "Should've Said No" guy's name over and over. It was only his first name, but everyone figured it out. I'd get texts from him. He was scared out of his mind I'd crucify him on a talk show. All I could think was, "Well, you should've said no. That's what the song is about."

14歳のころ

14歳で、ソニーATVミュージックパブリッシングからソングライターとして仕事をもらいました。8年生[10]だったから、学校から町まではママに車で送ってもらって、ナッシュビルの有名なソングライターたちと仕事をしていたんです。それが終わったら、家に帰って学校の宿題をやっていました。

——「エレンの部屋」2008年11月11日

10）日本の中学2年生に相当。

I got a job as a songwriter for Sony/ATV Publishing when I was 14. . . . I was in eighth grade, and my mom would pick me up from school and drive me downtown, and I would go write songs with these great songwriters in Nashville. And then I'd go home and do my homework.

どんなことがあっても、愛を疑ってはダメ。ラヴ・ストーリーや、プリンス・チャーミング、[11] それにハッピーエンドを信じることが大切なの。だから、わたしは愛を歌う。愛は恐れ知らず（フィアレス）だと信じてるから。

――『フィアレス』ライナーノーツ　２００８年11月11日

11）おとぎ話に登場する王子様のような理想の男性のこと。

No matter what love throws at you, you have to believe in it. You have to believe in love stories and prince charmings and happily ever after. That's why I write these songs. Because I think love is fearless.

理想の人に出会えたとき

理想の人に出会えたときって、相手のことを最高の男性だって思っちゃう。その人を見つめてると、18歳のときの元カレが、たった25秒間の通話で別れ話を済ませてきたことなんて、頭のかたすみにも浮かばないんです。

「エレンの部屋」2008年11月11日

When I find that person that is right for me, he'll be wonderful. And when I look at that person, I'm not even gonna be able to remember the boy who broke up with me over the phone in 25 seconds when I was 18.

曲をだしたり映画に出演したりすれば、気づかないうちにだれかのお手本になってしまうのは避けられないと思います。それを受け入れるか、気づかないふりをするかは当人次第ってところですけど。わたしは、ありがたく受け入れています。だって、それってこの世のなかで最も名誉なことですよね。子どもを持つ母親が寄ってきて、こんなふうに言ってくれるんですから。「8歳の娘が大ファンなの。娘の尊敬する人が、あなたのような人でうれしいわ」

――「エレンの部屋」 2008年11月11日

When you put out one song or you're in one movie, what you don't realize is that no matter what, you're a role model, whether you choose to embrace it or whether you choose to ignore it. And I just choose to embrace it because I feel like it's the biggest honor in the world when a mom comes up to me and says, "My eight-year-old daughter listens to your music, and I think that it's so great that she looks up to you."

若者とカントリーミュージック

CDデビューの契約を結びたくてレコード会社巡りをしていたときに1番言われたのは、こんな言葉でした。「若い層にカントリーミュージックの需要はない。カントリーミュージックの購買層は35歳の女性で、それ以外の人たちはカントリーラジオを聴かないから」どこのレコード会社でも、そんなふうに言われました。でも、そんなはずないってずっと思っていました。

When I was making the rounds first trying to get a record deal, the thing that I heard the most is, "Country music does not have a young demographic. The country music demographic is 35-year-old females, and those are the only people that listen to country radio. . . ." That's what I heard everywhere I went, and I just kept thinking that can't be true.

だってわたし自身もカントリーミュージックを聴いていたし、ほかにも同じような子はたくさんいるってわかってましたから。そして彼女たちは、もっと心に直接歌いかけてくるような音楽を望んでるはずだって思ってたんです。わたしたちの世代が共感できる音楽を待っているはずだって。

——「CMT インサイダー」2008年11月26日

That can't be accurate because I listen to country music and I know there have to be other girls everywhere who listen to country music and want some music that is maybe directed more towards them, toward people our age.

何が何でも

ある男性に「君の小さい手じゃ弾けないよ」って言われたから、見返すためだけに12弦ギターの演奏を習得した。だれかに無理だって言われると、何が何でもやってやるって気になっちゃう。

――『ティーン・ヴォーグ』誌　2009年1月26日

I actually learned on a twelve-string, purely because some guy told me that I'd never be able to play it, that my fingers were too small. Anytime someone tells me that I can't do something, I want to do it more.

名刺に「テイラー」って書いてあれば、男か女か判断できなくて都合がいいってママは考えた。ビジネス界に参入して、実業家になってほしかったみたい。

――『ローリング・ストーン』誌　2009年3月5日

My mom thought it was cool that if you got a business card that said "Taylor" you wouldn't know if it was a guy or a girl. She wanted me to be a business person in a business world.

くだらない恋愛でも

どんなにくだらない恋愛だって、そこから最高の1曲をつくれたなら、その恋愛にも価値があったってこと。

「デジタル・ロデオ・ビデオ」 2009年4月15日

You can have the most pointless relationship, and, if you write a great song about it, it was worthwhile.

共感してもらえる曲に

ラジオから流れてくるカントリーミュージックは、結婚や子どものこと、それに安定した生活がどうのこうのっていうものばかりでした。そういった曲に共感できなかったんです。だから、数週間だけ付き合ったけど浮気されて別れた男の子のこととか、自分の周りの出来事を歌にしたんです。若いわたしがつくってるんだから、同世代の人に共感してもらえるような曲でいいんじゃない？って思ってたから。

――『テレグラフ』紙　２００９年４月26日

All the songs I heard on the radio were about marriage and kids and settling down. I just couldn't relate to that. I kept writing songs about the guy who I dated for a couple of weeks and who cheated on me, about all the things I was going through. . . . I felt there was no reason why country music shouldn't relate to someone my age if someone my age was writing it.

反抗期

両親を困らせるほどの反抗期はなかったって、あのウワサは本当です。両親以外にだったら、反抗したこともありますけど。レコード会社がＣＤデビューの契約を結ばずにわたしをキープしておこうとしたとき、それからレコーディングスタジオでわたしの意見を聞いてくれない人たちにも反抗しました。わたしにとっては、外を出歩いたり酔っ払ったりすることよりも、音楽制作のほうがよっぽどワクワクするんです。

――『テレグラフ』紙　２００９年４月26日

It's true that I've never had a burning desire to rebel against my parents. But in other respects I think I have rebelled. I mean, I rebelled against my record label when they wanted to shelve me, and I've rebelled against people trying to push me around in the recording studio. To me, that's always been much more exciting than going out and getting drunk.

『ティアドロップス・オン・マイ・ギター』はわたしが好きだった男性のことを書いた曲だけど、彼はわたしの気持ちに気づいてなかった。今じゃいやでも自覚してるでしょうけどね。[12] なんていうか、好きな人のことを曲にして、名前までそのまま使っちゃうクセがあるんです。多分、この先もやめられないと思う。

——「ポール・オグレイディ・ショー」 2009年5月8日

12）『ティアドロップス・オン・マイ・ギター』は片思いをしていた男性への思いを綴っており、彼の名前も歌詞に含まれているため、当時はテイラーの気持ちに気づいていなかった男性もその思いを知ることとなった。

I wrote ["Teardrops on My Guitar"] about a guy that I had a crush on, and he didn't know. Inevitably, he knows now. And, you know, I have this habit of writing songs about guys and naming them. I can't seem to stop doing that.

曲づくりのきっかけ

パソコンの修理に来てくれた男性が、ライブ帰りだったとかでギターを持ってたんです。それで、彼がギターのコードを教えてあげようかって言うから「教えて！」って飛びつきました。3つのコードを教えてくれただけじゃなくて、その週はギターを持っててもいいって貸してくれたから、はじめての曲をつくった。これが、曲づくりのきっかけです。

「ザ・ホット・デスク」 2009年5月

I started writing songs when the guy who came over to fix my computer had a guitar with him because he had just come from a show. And he asked me if I wanted to learn a few guitar chords, and I said, "Yeah!" So he taught me three guitar chords and left his guitar with me that week and I wrote my first song.

最初に書いたのは『ラッキー・ユー』って曲でした。風変わりな女の子について書いた1曲。その子は特別で、自分で書いた曲を口ずさんで、人に流されずに自分の道を進んでいく。まさに、12歳の子が書きそうな曲ですよね。人を励ますような明るい内容で、心に響く言葉を選んで、苦い現実に甘い砂糖をまぶしたような曲。当時の曲を聴いてみると、ちっちゃなリスみたいな声で歌ってるんですよ。

――「ザ・ホット・デスク」　2009年5月

The first song that I really finished . . . it's called "Lucky You." And it was this song that I wrote about a girl who's different from everybody else, and she's unique, and she, like, sings her own song, and she goes her own way. . . . It was very 12. It was very uplifting and inspirational and sugarcoated. And I look back on it and I sounded like a little chipmunk singing back then.

13歳の決断

13歳のころにRCAレコードと面談をして、お試し期間を設けたいって言われた。つまり、手元には置いておくけどアルバム制作の約束はできないってこと。デートはしたいけど彼氏にはならないよっていう男みたいでしょ。1年間は曲づくりに励んで、それからわたしをキープするか――手元に置いたままにするってこと――契約解除か、CD発売の契約を結ぶかを決めるって

When I was 13, I got a meeting with RCA Records, and they said they wanted to sign me to a development deal. That means they want to watch you, but they're not promising to make an album with you—kind of like a guy who wants to date you but not be your boyfriend. After a year you turn in your songs, and they decide whether they want to shelf you—keep watching you—drop you or sign you to a record

話だった。結局、キープしたいって言ってきたから、決断のときだって思った。お試し期間を延長してレコード会社に残ることもできたんだけど、わたしを信じてくれなかった人たちは、これから先も考えを変えないだろうって思った。だから、すごく悩んだけど自分の道を進もうと決めた。

――『グラマー』誌　２００９年７月１日

deal. They decided to shelf me, and I had a choice to make. I could have stayed in development with them, but I figured that if they didn't believe in me then, they weren't ever going to believe in me. So I made a tough decision and struck out on my own.

何も恐れないということ

何も恐れないこと（フィアレス）は、つまり人生とは予測不可能なものだって理解することなの。重要なのは、どう対処していくか。何かが起きたとき、何かを与えられたとき、何かを失ったとき、どう対処するのかですべてが決まる。恐れないっていうのは、恐怖を感じないとか、絶対に傷つかないほど強くなるとかっていう意味じゃないと思う。不安を抱きながらも前に進んで、チャンスがあれば逃がさずにつかむ。それが恐れないということなんだと思う。

――「マイ・デート・ウィズ…」 2009年11月13日

Being fearless is realizing that life is unpredictable, and it's all in how you deal with that. It's all in how you deal with what's thrown at you and what's given to you and what's taken away from you. And I think that being fearless is not being unafraid or bulletproof or something like that. I think being fearless is being scared of things but living your life and taking chances anyway.

眠る前に、今日もわたしらしく過ごせたことに感謝の気持ちでいっぱいになる。今日という日も、その前の日も、どこまでさかのぼっても、わたしらしく生きてこられたから。

――NBC ピープル・オブ・ザ・イヤーにて　2009年11月26日

I'm also thankful that when I go to sleep at night I get to know that I've been myself that day. And I've been myself all the days before that.

アイデアが浮かぶと

アイデアが浮かんでからの展開はすごく早いから、スマホでもメモ帳でも、何でもいいからとにかく急いで記録したいんです。一度、空港でアイデアが浮かんで、急に書くものが必要になっちゃって。それで、トイレに行けばペーパータオルがあるって思いついたんです。だから大急ぎでトイレに行って、歌詞を書きながらトイレをでて、慌ててターミナルに戻りました。全部書き終わるまで、さっき入ったのが男子トイレだったって気づいてもいなかったんです。

――「ザ・ジェイ・レノ・ショー」2009年12月4日

When I get an idea, it happens really fast, and I need to record it really fast into whatever I have, either a cell phone or write it on something. And so I was walking through an airport and I got an idea and I needed to write it on something, and I knew there were paper towels in the bathroom. So, ran into the bathroom, started writing it down, ran back out to the terminal, and finished the song, only to realize it was the men's bathroom that I had run into.

PART 2

2010-2013

カントリーから
ポップへ

2010年のグラミー賞のほか、
数々の音楽賞を受賞し
テイラーは押しも押されもせぬ
スター歌手の1人となる。
アルバム『レッド』では
カントリーミュージックから離れて
ポップミュージックの道を歩みはじめ、
さらなる進化を遂げていく。

テイラー・スウィフトの歩み PART2

2010

自身初となるグラミー賞を受賞し、アルバム・オブ・ザ・イヤーを受賞した最年少アーティストとなる。ほかに、最優秀カントリーアルバムと最優秀カントリーソングを受賞している。

共同制作者がいない唯一のアルバム『スピーク・ナウ』がリリースされる。ビルボード200で初登場首位を獲得し、発売後わずか1週間で100万枚を売り上げた。

第58回BMIカントリーミュージック・アワードにて史上最年少でソングライター・オブ・ザ・イヤーを、『ユー・ビロング・ウィズ・ミー』でソング・オブ・ザ・イヤーも受賞。

2011

第46回アカデミー・オブ・カントリーミュージック（ACM賞）で最も栄誉あるエンターテイナー・オブ・ザ・イヤーを受賞。

『スピーク・ナウ』ワールドツアーがスタート。2011年で最高の興行収益を得たソロアーティストとなる。

ビルボード・ミュージック・アワード（BBMAs）にて、トップ・ビルボード200・アーティスト賞、トップ・カントリー・アーティスト賞、トップ・カントリー・アルバム賞（『スピーク・ナウ』）を受賞。

ウィメン・イン・ミュージックにてウーマン・オブ・ザ・イヤーに選ばれる。

ドラマ『グレイズ・アナトミー』[13]の主人公から名前をつけた猫、メレディス・グレイが新たな家族となる。

012

『ミーン』でグラミー賞2冠を達成。

『レッド』からリードシングルとなる『ウィー・アー・ネヴァー・エヴァー・ゲッティング・バック・トゥギャザー』がリリース。ビルボード・ホット100チャートの首位を獲得する。

『レッド』がリリースされる。『レッド』ではカントリーミュージックの影響から離れてポップミュージックの道へと歩みはじめた印象を与えている。ビルボード200で初登場1位を飾り、リリース後1週間で120.8万枚の売り上げを記録している。

ネブラスカ州オマハより『レッド』ツアーをスタートさせる。ヨーロッパとオーストラリアを回ってからアジアで最終日を迎えたツアーで、2013年最高の興行収益を記録。

ロードアイランド州ウォッチ・ヒルにある豪邸を1775万ドル（約18億円）で購入。

ビルボード・ミュージック・アワード（BBMAs）にてトップ・アーティスト賞など8冠達成。

ライブ前のミート・アンド・グリート[14]の写真撮影中に、テイラーの下半身を触ったとしてラジオDJのデビッド・ミューラーを訴える。

ナッシュビルにあるカントリーミュージック殿堂博物館がテイラー・スウィフト教育センター[15]を開設する。テイラー自身が資金として400万ドル（約4億円）の寄付をしている。

13）2005年にアメリカで放送開始した大ヒット医療ドラマ。
14）テイラーがライブ後に必ず行うイベント。ライブに参加する客のなかから選ばれた人たちが、直接テイラーに会って話すことができるというもの。
15）実際に音楽を教える講座も開設。テイラー自身が教育プログラムにも関わっている。

育った環境と曲づくり

小さいころは、クリスマスツリー農園で育った。広かったから、思いきり走りまわって遊んだのを覚えてる。髪の毛はぐっちゃぐちゃで、やりたい放題だった。想像力が豊かになって、頭に浮かんだ物語に夢中になるようになったのは、そんな環境で育ったことが大きく関係していると思う。それが、のちの曲づくりにつながってるの。

——第52回グラミー賞のリハーサルにて　2010年1月31日

I grew up on a Christmas tree farm, and I just remember having all this space to run around and be a crazy kid with tangled hair. And I think that really had a lot to do with me being able to have an imagination and become obsessed with, like, little stories I created in my head. Which then, later in life, led to songwriting.

悲しい出来事があると、
数曲つくれる。
失恋すると、
アルバムを数枚つくれる。

『エル』誌　２０１０年３月４日

A letdown is worth a few songs. A heartbreak is worth a few albums.

次世代の美しさの基準

わたしが美しいと思うのは、ちゃんと自分を持ってる人。ユニークで人と違うことは、次世代の美しさの基準。みんなと同じでいる必要なんてない。それどころか、むしろ同じでいちゃダメだと思う。

——「カバーガール」コマーシャル撮影にて　2010年4月22日

The people who strike me as beautiful are the people who have their own thing going on. . . . Unique and different is the next generation of beautiful. You don't have to be the same as everybody else. In fact, I don't think you should.

はじめて曲づくりをする人へのアドバイスは、曲の題材になってる人のことをよく知ること。まずはそれから。そして、その人に宛てて手紙を書くの。思いを伝えることができるなら何を言うだろうって考えて。それこそが、わたしが音楽を聴く理由だから。自分で説明するよりもずっと上手に気持ちを語ってくれるから。同じ体験をしたときに言えばよかったと思っていたことを、代わりに言ってくれるから。

――ファンとのライブチャットにて　２０１０年７月20日

My advice to first-time songwriters would be, know the person you're writing the song about. First know that. And then write a letter to them, like what you would say if you could. Because, you know, that's why I listen to music, is because it says how I feel better than I could, and it says what I wish I'd said when that moment was there.

アルバム制作

アルバム制作に関しては、すごくストレスになる要因と楽しめる要因がそろってる。めちゃくちゃストレスを感じてるか、思いっきり楽しんでるかの二択ね。曲が書き終わってる場合は、最上級にハッピーなわたし。でも、1週間半かけても曲が書き終わっていない場合は、この先一生見ることもないくらいストレスを抱えてるわたしに会えるわ。

――『エンターテインメント・ウィークリー』誌　2010年8月27日

There is a stressful and joyful element to making an album. For me, I'm either incredibly stressed or overjoyed, and the way that usually goes is that if I've just written a song, I'm the happiest you will ever see me. But if I haven't written a song in a week and a half, I am more stressed than you will ever, ever see me at any other point.

今のわたしにとって、恋愛って希望と恐怖のあいだに潜んでるような感じ。今回の恋愛は今までとは違う結末を迎えるかもしれないっていう希望を抱きながらも、結局はいつもと同じように終わってしまうんじゃないかっていう恐怖を抱いてる。

――オール・フォー・ザ・ホール・ベネフィット・コンサートにて
２０１０年９月23日

Right now the way that I feel about love is that it lives somewhere between hope and fear. . . . You have the hope that this could turn out to be different than it's ever turned out before, and then you have the fear that it's gonna turn out like it always has before.

スコット・ボーチェッタとの出会い

ブルーバード・カフェでライブをやってたんだけど、偶然にもフェイス・ヒルがスカウトされた店と同じなの。とにかく、そこでギターを抱えて自作の曲を歌ってた。

そこにスコット・ボーチェッタっていう男性が、客として来ていた。

それで、ライブ後に彼がわたしのところへ来て「うちのレコード会社と契約してほしい。君が書いた曲を、歌って

I had this showcase at The Bluebird Cafe, ironically the place where Faith Hill got discovered. And I played my guitar and sang a bunch of songs that I'd written. There was one guy in the audience named Scott Borchetta. So he came up to me after the show and he said, "I want you on my record label, and I want you to write all your own music," and I was so excited. And I get a call from him later that week and he goes, "Hey,

ほしいんだ」って言ってくれた。

もう、めちゃくちゃうれしかった。

それから数日後に電話がきて、こう言われた。

「やあ。まずはいい知らせから言うよ。ぜひ、君と契約を結びたい。次は悪い知らせだ。まだレコード会社を立ちあげていないんだ」


――「テイラー・スウィフト：ジャーニー・トゥ・フィアレス」

２０１０年10月22日

so, good news is I want you on my record label. Bad news is that I don't actually have a record label yet."

何も言わないことの怖さ

その瞬間に最もふさわしい台詞を言うことが、現実の世界では何よりも重要だったりする。あまりに重要すぎるものだから、これを言うべきときじゃないかもしれないと不安になって、ほとんどの人が発言するのをためらってしまう。でも最近では、間違った発言よりも、何も言わずに見過ごしてしまうほうがよっぽど怖いと感じるようになった。

――『スピーク・ナウ』ライナーノーツ　2010年10月25日

In real life, saying the right thing at the right moment is beyond crucial. So crucial, in fact, that most of us start to hesitate, for fear of saying the wrong thing at the wrong time. But lately what I've begun to fear more than that is letting the moment pass without saying anything.

言葉は人の心を粉々に打ち砕く力を持ってるけど、壊れた心を元に戻せるのもだれかの言葉なの。どうか、あなたの言葉をいいことに使ってほしい。言えずに飲みこんでしまった言葉よりも悔やむことになるのは、意図的にだれかを傷つけようとして使った言葉だけだから。

――『スピーク・ナウ』ライナーノーツ　２０１０年10月25日

Words can break someone into a million pieces, but they can also put them back together. I hope you use yours for good, because the only words you'll regret more than the ones left unsaid are the ones you use to intentionally hurt someone.

ネガティブなことも受け入れる

傷つきたくないから、ネガティブなことは遮断してしまおうみたいな傾向が一般的ですよね。でも、痛みを感じることをやめてしまったら、計り知れないほど胸が高鳴ってワクワクする感情だとか、心の底から祝福する気持ちも、幸福も感じることができなくなっちゃうんじゃないかって恐ろしくなるんです。そんなの耐えられない。だから、わたしはすべてを受け入れてます。何も感じなくなったら、わたしじゃなくなっちゃう。

――「USAトゥデイ・スタジオインタビュー」 2010年10月27日

There is a tendency to block out negative things because they really hurt. But if I stop feeling pain, then I'm afraid that I'll stop feeling immense excitement and epic celebration and happiness, which, I can't stop feeling those things. So, I feel everything. And I think that keeps me who I am.

授賞式での心がけ

両親から「成功して当然だと思わないように」と教えられて育ちました。与えられた仕事は常に全力で取り組みなさい、と。だから、何かを受賞したりするたびに「賞をもらえるのは、これが最後かもしれない」って気持ちで授賞式にでてるんです。

「アラン・ティィッチマーシュ・ショー」 ２０１０年10月28日

I was raised by two parents who raised me to never be presumptuous about success or winning, and they always would say you have to work for every single thing that you get. And, you know, so every single time I've won an award or something like that, it's been like I win it like it's the last time I'll ever win anything.

まだ小さかったころ、悪いことをしてもお仕置きする必要がなかったってママが言ってた。ママのお仕置きよりもずっと厳しく、自分で自分を罰してたから。何か間違いを犯してしまったときのわたしって、いつもこうなの。

──『エンターテインメント・ウィークリー』誌 2010年12月3日

My mom tells me that when I was a little kid she never had to punish me for something I did wrong because I'd punish myself worse than she ever could. That's how I am when I make a mistake.

別れと曲との関係

深く心が傷ついたときは、だれだって「やった！　これを題材に金儲けができる！」なんて思ったりしないでしょ。「5年はベッドからでたくないし、アイス以外のものは食べたくない」ってなるのが普通だと思う。もちろんわたしだって、別れを喜んだりしない。「新曲のネタができた！」なんて思うわけない。
結果的に、自然と曲になっちゃうだけ。

――「エルヴィス・デュラン・アンド・ザ・モーニング・ショー」
2011年7月22日

When you're truly heartbroken you're never like, "Yes! I can parlay this into something!" You're like, "I wanna stay in bed for five years and just eat ice cream." But I don't know, I don't think that I've ever, like, celebrated a breakup like, "Now I've got new material!" But it just kind of ends up happening that way.

カンペキな恋愛なんて存在しないと思う。だれかと長く付き合っていて、その関係をつづけようと努力している姿こそ現実なんじゃないかな。全然ステキじゃないし、キラキラもしてないし、おとぎ話の要素なんてどこにもない。理想の王子様とは程遠いかもしれない。だけど、クタクタになった1日の終わりには話を聞いてくれて、つらいときには支えてくれる。まるで、心強い味方みたいに。

――「エルヴィス・デュラン・アンド・ザ・モーニング・ショー」
2011年7月22日

I don't think love is ever gonna be perfect. And I think that when you actually are in a long relationship and you have to sustain it and work at it, I think that's a very real thing. And it's not all pretty and sparkly and fairy tale–esque and, you know, it doesn't really have the stamp of, like, Prince Charming. But I think that he would listen to you at the end of a hard day and I think that he'd be there for you and feel like a teammate.

美しさは人それぞれ

わたしにとって美しさというのは、ウソ偽りのない誠実な気持ちのこと。美しさの定義は1つだけじゃなくて、人それぞれに異なった美しさを得られると思う。

たとえば、みんなを笑わせることのできる人は、その容姿に関わらず美しい。なぜなら、笑わせることに対して誠実でいるから。すごく感情的

For me, beauty is sincerity. I think that there are so many different ways that someone can be beautiful. You know, someone [can be] so funny that it makes them beautiful, no matter how they look, because they're sincere in it.

な人、気分が変わりやすい人、すぐに思いつめてしまう人、自分に厳しい人、みんな美しい。だって、自分に正直に生きている証拠だから。人ごみのなかを見渡したとき、とても幸せそうに満面の笑みを浮かべてる人がいたら、こっちまで幸せになるでしょ。

――「YouTubeプレゼンツ」2011年9月1日

Or somebody's, like, really emotional and, like, moody and thoughtful and stoic, but that makes them beautiful because that's sincerely who they are. Or you look out into the crowd and you see someone so happy that they're smiling from ear to ear, and that sincerity comes through.

厄介なロマンティスト

わたしの性格をジャンル分けするとしたら、厄介なロマンティストってとこだと思う。でも、ここにいるみんなも同じよね。だって、だからライブを見にきてくれるんでしょ？　厄介なロマンティストの何がそんなに厄介かって、だれかを好きになると「ハロー」なんて挨拶をしただけで魔法にかかったような気持ちになっちゃうこと。このハローがサヨナラに変わる日がくるなんて、夢にも思わない。その人とのファーストキスで魔法にかかってしまったら、最後のキスが待ってるなんて絶対の絶対に思わないから困っちゃう。

――『スピーク・ナウ』ワールドツアーにて　２０１１年11月21日

I think I fall into the category of the hopeless romantics, and I think that you do too, because you're here. The tricky thing about us, the tricky thing about the hopeless romantics, is that when we fall in love with someone, when we say hello, and it's magical, we never imagine that that hello could someday turn into a goodbye. And when we have our first kiss with someone and it's magical, we never, ever imagine that someday that could turn into a last kiss.

女性への偏見について

カントリーミュージック界に、女性への偏見があるだなんて考えたこともなかった。自分がそういった偏見を受けてこなかったからね。わたしが活動をはじめるころには、そういった負のエネルギーがなくなっていたから、とても幸運だったと思う。これはわたしの持論なんだけど、男の子と同じゲームがしたいのなら、男の子と同じくらい全力で取り組むって決めてるの。

――『ビルボード』誌　２０１１年12月２日

I've never thought about any kind of prejudice about women in country music because I never felt like it affected me. I was fortunate enough to come about in a time when I didn't feel that kind of energy at all, and it was always my theory that if you want to play in the same ballgame as the boys, you've got to work as hard as them.

恋愛中のわたし

自分では賢いほうだと思ってる。恋にどっぷり漬かりきっちゃっていなければ、の話だけど。恋愛中のわたしって、信じられないくらいバカげたことをしちゃうから。

『ヴォーグ』誌　2012年1月16日

I think I am smart unless I am really, really in love, and then I am ridiculously stupid.

わたし自身のことを知ろうともしないのにすべてに共感して、ウィキペディアに書いてあることを気に入ったとか、一緒に過ごした時間なんてゼロなのに好きだとか言ってくる相手には気をつけないとね。きっと、すぐに別れることになる。グーグル検索で人を好きになるなんて、どうかしてる。

――『ヴォーグ』誌　２０１２年１月16日

If someone doesn't seem to want to get to know me as a person but instead seems to have kind of bought into the whole idea of me and he approves of my Wikipedia page? And falls in love based on zero hours spent with me? That's maybe something to be aware of. That will fade fast. You can't be in love with a Google search.

『ミーン』でのグラミー賞受賞

『ミーン』という曲で受賞できたことを、本当に感慨深く思っています。とにかく意地悪(ミーン)で、わたしのことが心底嫌いで、平気で傷つけてくるような人のことを歌にしたらグラミー賞を受賞するなんて、この気持ちは言葉では言い表せません。

——第54回グラミー賞授賞式にて　2012年2月12日

This one really means a lot to me because this is for a song called "Mean" that I wrote. And there's really no feeling quite like writing a song about someone who's really mean to you and someone who completely hates you and makes your life miserable and then winning a Grammy for it.

すべてを打ち明けないほうが絆は深められるって思ってた時期があった。でも、それは間違い。心をひらけばひらいただけ、相手は受け入れられたと感じるし、お互いにわかりあえてると一層強く思えるの。

――「エクストラ」2012年2月15日

I used to think that if you leave out details that people could relate more. But I don't think that's the case, because I think that it's really the more you let people in, the more they feel let in, and the more they feel like we all share something.

演技すること

最高の音楽をつくることが、常にわたしの最優先事項だけど……素晴らしい脚本を目の当たりにしたら、それが2番目の優先事項になると思う。きっと、すぐに飛びついちゃう。演技することには昔から興味があったし、大好きだったから。自分以外のだれかになるって、魅惑的で、生まれ変わるような経験なの。

――「ムッシュー・ハリウッド・ビデオ」 2012年7月26日

It's always a priority for me to make a great record. . . . But if I were handed a script that blew my mind, that would be the next priority. I would really jump into that because I think that, you know, acting has always been something I've been fascinated by, and I've always loved doing it. It's an amazing, cathartic experience to become another person.

人が音楽を最も必要とするのは、恋をしているときか、失恋したとき。

――２０１２年カナディアン・カントリーミュージック協会賞の舞台裏にて　２０１２年９月９日

When people need music the most is when they're either falling in love or falling out of it.

13

12月13日が誕生日なんだけど、いいことが起きるときには必ず、13という数字が近くにあるの。いいことが起きるときは、本当に行く先々で13を目にする。それにね、授賞式なんかでも13が多くでてくるようなときには、必ず受賞する。13は、いいことが起きる前兆なの。

――「アセッソMTV」2012年9月17日

Thirteen is the day I was born in December, and ever since then, it's kind of shown up around good times. Like, when good things are about to happen I'll see a 13 everywhere I go, and, you know, [at] awards shows I'll see a lot of 13s and then I'll end up winning. It's a really good sign.

『ウィー・アー・ネヴァー・エヴァー・ゲッティング・バック・トゥゲザー』がつくられた経緯

元カレの友だちがスタジオを訪ねてきたことがあってね。彼は自己紹介をしたあと、わたしがヨリを戻そうとしてるって聞いたけど、って言ってきた。彼が帰ってからマックス・マーティンとシェルバックに話した。「わたしたちは、絶対に、絶対にヨリを戻したりなんかしない！」ってね。わたしがギターを持つと、マックスが「これを曲にしよう」って言ってくれたの。こうして『ウィー・アー・ネヴァー・エヴァー・ゲッティング・バック・トゥゲザー』ができたってわけ。

――アイ・ハート・ラジオ・ミュージック・フェスティバルの舞台裏にて
２０１２年９月22日

We were in the studio and this guy walked in who was a friend of my ex's. He introduced himself and made some comment about how he heard that I was gonna get back together with my ex. And after he left, I was talking about it with Max [Martin] and Shellback, and I was just like, "And we are never, ever, ever getting back together!" I picked up a guitar, Max was like, "We should write that"—it just kind of happened.

ルール無用

わたしの人生にはたくさん
のルールがあるけど、
恋愛に関しては
ルール無用って決めてる。

「ザ・ジョナサン・ロス・ショー」　2012年10月6日

I have a lot of rules placed on my life, and I just choose not to apply rules to love.

アルバムにレッドって色の名前をつけたことを、すごく気に入ってる。赤色から想像される感情は？って聞かれたら、きっと最も激情的なものを選ぶと思うから。情熱、恋愛、好奇心、冒険、勇気とかを思い浮かべるのと同時に、一方では怒り、嫉妬、欲求不満、裏切りなんかを連想させる一面も秘めてるでしょ。

――「MTVニュース　UK」2012年10月6日

I love the color red for the title because, if you correlate red with, you know, different emotions, you come up with the most intense ones. On this side you've got, like, passion and falling in love, and that intrigue and adventure and daring. And then on the other side you've got, like, anger and jealousy and frustration and betrayal.

時間の流れ

だれかと別れて寂しいときは、時間の流れが遅くなったように感じるし、恋をしてるときは、早く流れていくような気がする。悲しい曲を書くときは、とにかく時間をかけちゃう。きっと、時間がゆっくり過ぎてるように感じてるからなのね。１日が24時間以上あるように感じちゃうんだもの。

――『ビルボード』誌 ２０１２年10月19日

When you are missing someone, time seems to move slower and when I'm falling in love with someone, time seems to be moving faster. So I think, because time seems to move so slow when I'm sad, that's why I spend so much time writing songs about it. It seems like I have more hours in the day.

恋愛経験という名のレッスンは、手厳しいものばかりだった。どうにかなっちゃいそうなクレイジーな恋愛だと、特に厳しかった。危険《レッド》な恋愛のときね。ゼロから一気に時速160キロまでかっ飛ばしたあげく、壁に激突して爆発するような恋愛。悲惨で、バカげていて、捨て身すぎるけど、ゾクゾクさせられる。でもほとぼりが冷めると、失ったものは二度と取り戻せないって気づく。

――『レッド』ライナーノーツ　2012年10月22日

My experiences in love have taught me difficult lessons, especially my experiences with crazy love. The red relationships. The ones that went from zero to a hundred miles per hour and then hit a wall and exploded. And it was awful. And ridiculous. And desperate. And thrilling. And when the dust settled, it was something I'd never take back.

わたしにとっての歌

わたしにとって歌は、ボトルに詰めた手紙みたいなもの。それを世界中に流したら、同じように感じてる人が、いつか聴いてくれるかもしれないでしょ。

「デイリー・ビースト」
2012年10月22日

Songs for me are like a message in a bottle. You send them out to the world and maybe the person who you feel that way about will hear about it someday.

『ミーン』

『ミーン』は、わたしのことを毛嫌いしてた批評家のことを歌った曲。でも発表してみたら、いつのまにか学校でいじめられている子たちへの応援歌に姿を変えていた。すごく元気がでるし、この曲に新しい一面を持たせてくれたと思う。
わたしが女性を勇気づけてるって言ってもらえることがあるんだけど、ものすごく光栄な褒め言葉よね。意識して女性を勇気づける曲をつくろうとしたわけじゃなくて、ただわたしが感じたことを書きつづっただけなの。自分の感情をありのままにさらけだすとき、そこには強さが宿るんだと思う。

――「デイリー・ビースト」 ２０１２年10月22日

I wrote a song called "Mean" about a critic who hated me. I put it out, and all of a sudden, it became an anthem against bullies in schools, which is a refreshing and new take on it. When people say things about me empowering women, that's an amazing compliment. It's not necessarily what I thought I was doing, because I write songs about what I feel. I think there's strength when you're baring your emotions.

曲に色をつけるとしたら

『スピーク・ナウ』に色をつけるとしたら、紫色だと思う。あのアルバムからは誠実さや素直さが感じられるから。そういう感情って、個人的に紫色ってイメージなの。『フィアレス』は黄金色。だって、アメリカ以外の国の人がわたしを知るきっかけになったアルバムだから。まさに新しいことに挑戦するきっかけとなったゴールドラッシュ。[16]ファースト・アルバムは、青って感じかな。

――「ユニバーサル・ミュージック・コリア」2012年10月23日

16)「幸運をもたらす出来事」という意味。

I think if I had to put a color to *Speak Now*, it would be purple. I think that there's just something kind of . . . honest and true about that record that kind of, to me, seems purple. And *Fearless*, to me, is golden because it was, you know, the first time that anyone really recognized my music outside of America, and to me that was like a golden rush of something new. My first album, I think, would be blue.

ママは現実的に物事を考えるけど、パパは夢かと思うほど前向き。「よーし、思いきりやってみよう！」って感じ。何もかも実現できるなんて、わたしはそんなふうには考えられない。パパには、それが普通みたいだけど。

――『ローリング・ストーン』誌　２０１２年10月25日

My mom thinks of things in terms of reality and my dad always thinks in terms of daydreams— and, "How far can we go with this?" I never really went there in my mind that all of this was possible. It's just that my dad always did.

受賞を楽しむ?

学校生活でも、スポーツでも、何かで1位になったことなんてなかった。それが突然、いろんな賞に選ばれるようになった。「その瞬間を楽しめ」なんてよく言うけど、実際に大きな賞を受賞なんてしようものなら、楽しむどころかビビりまくっちゃうから!

『ローリング・ストーン』誌 2012年10月25日

I never won anything in school or in sports, and then all of a sudden, I started winning things. People always say, "Live in the moment"—if you really live in the moment at a big awards show and you win, you freak out!

自分でつくった曲は、デモやギターボーカルとかも含めて全部、CDやiPodに入れておきたい。聴かずに飛ばしちゃう曲とか、運転中に聴きたくないと思う曲はアルバムに入れなくていい曲だってことがわかるから。

「107.3 94.9 ビッグ・キッキン・カントリー」
2012年10月26日

I like to put the songs, like all the demos that I make and all the guitar vocals, on either, like, a CD or my iPod or something. The ones that I skip over, if I don't feel like listening to them in the car, that's how you know it's not gonna go on a record.

ファンの仮装

わたしのファンって着飾るのが好きなの。ほぼ仮装みたいな感じ。ミュージックビデオの登場人物をマネしてライブに来てくれる。大勢のお客さんを注意して見てみると、『ユー・ビロング・ウィズ・ミー』とか『ラヴ・ストーリー』のミュージックビデオに合わせて仮装をしている人がいる。あとは、なぜかわからないけどバナナの仮装とか……。すごく面白いでしょ。みんなの仮装がどんどん過激になっていくから、わたしがミュージックビデオで着る衣装もクレイジーさを増していっちゃうの。

――「ヴィーヴォ・サーティファイド・ビデオ」 2012年10月29日

One thing about my fans is they really love to dress up. In costume. As characters from my music videos. And you look out into the crowd and you see that person dressed up from [the] "You Belong with Me" video, that person dressed up from "Love Story," that person randomly dressed up like a banana, I don't know why. . . . I think it's hilarious, so they just keep dressing up in crazier and crazier costumes, which makes me then make music videos where we dress up in crazier and crazier costumes.

自信なんて、すぐに揺らいじゃいます。欠点だらけの人間だってこともわかってる。「おまえにはムリだ」っていう声が、常に頭のなかで聞こえていて……。何千回ってステージに立っていれば、調子の悪いときだってありますよね。あれだけの人数の前で調子の悪い姿を見せてしまうと、国中から叩かれてしまうものです。すごく落ち込みますよ。それでもわたしはソングライターだから、鈍感になってはいけないと思うんです。傷つきたくないからって、周りに壁をつくるわけにはいかない。感情豊かでいることも、わたしの仕事ですから。

――「オール・シングズ・コンシダード」 2012年11月2日

My confidence is easy to shake. I am very well aware of all of my flaws. . . . I have a lot of voices in my head constantly telling me I can't do it. . . . And getting up there on stage thousands of times, you're going to have off nights. And when you have an off night in front of that many people, and it's pointed out in such a public way, yeah, that gets to you. I feel like, as a songwriter, I can't develop thick skin. I cannot put up protective walls, because it's my job to feel things.

曲のつくり方

12歳のときから、曲のつくり方は変わってません。アイデアが降りてくるときは、メロディと歌詞が一部分だけ浮かんでくる。曲の盛りあがる部分だったり、歌いだしだったり、コーラスだったりするんだけど、パズルの最初のピースみたいなものですよね。残りのピースを探しだして正しい位置を見つけてあげる。こうして曲を完成させるのがわたしの仕事なんです。

――「オール・シングズ・コンシダード」 2012年11月2日

Since I was 12, I would get an idea, and that idea is either a fragment of melody and lyric mixed in, [or] maybe it's a hook. Maybe it's the first line of a song. Maybe it's a background vocal part or something, but it's like the first piece of a puzzle. And my job in writing the song and completing it is filling in all the rest of the pieces and figuring out where they go.

10分間に40万回くらいのペースで、自信がぐらついちゃう。もうバカみたいに、それこそ恐ろしいほどに怖いものが多くて、全部が怖い。本当に、何もかもが。病気、クモ、あとは……天井が落ちてきたらどうしよう、とか。人にどう思われているのかも不安。飽きられてしまうのが、何よりも怖い。

――「VH1ストーリーテラー」2012年11月11日

I doubt myself like 400,000 times per 10-minute interval. . . . I have a ridiculously, terrifyingly long list of fears—like, literally everything. Everything. Diseases. Spiders. Like, the support of roofs. Or I get scared of the idea of people, like, getting tired of me in general, which is a broader concept.

感情を揺さぶられる体験

感情を揺さぶられる体験って絶対にムダにはならないし、何かしらの理由があって経験するんだと思う。わたしの場合はね、ハッピーな曲をつくったはいいけど、もうその相手とはまったく会ってないってこともあるんだけど、それでもやっぱり歌ってるときはハッピーになる。そんな幸せなときがあったんだってことに浮かれちゃう感じ。

——「VH1ストーリーテラー」2012年11月11日

If you felt something, it was worth it and it happened for a reason. And for me, when I play songs that are happy songs but I don't really know that person anymore, I still feel happy. Like, it's celebrating that it existed at one point, you know?

『ビギン・アゲイン』

別れることの何が最悪かって——全部って言いたいところだけど、あえて1番を決めるならって話ね——関係が終わったときに、本当の自分がわからなくなることだと思う。相手に好きになってもらおうとして、自分をガラッと変えてしまったせい。わたしには、そんな経験はないけど……ウソ、超ある。『ビギン・アゲイン』は、かつての自分をとりもどす女の子について書いた曲。そのままでいいんだって、ありのままの自分がステキなんだって思わせてくれる人と出会えたことで、彼女は本当の自分を思いだせるの。

——「VH1ストーリーテラー」2012年11月11日

I think the worst part about a breakup sometimes—if one could choose a worst part—would possibly be if you get out of the relationship and you don't recognize yourself because you changed a lot about yourself to make that person like you. Which I never do—I always do. . . . I wrote ["Begin Again"] about the idea that you could remember who you used to be, and you could kind of remember that by meeting someone new who makes you feel like it's OK, like everything about you is great.

「～すぎる」

「～すぎる」って、よく言われる。まず、ファースト・アルバムの話からすると、「ポップすぎる」とか「ロックすぎる」って言われた。『ミーン』という曲をだせば、ブルーグラス[17]すぎるとか、カントリー調すぎるとか言われて笑っちゃった。わたしの音楽が「～すぎる」とか言う人がいても、別に気にすることじゃないって悟ったの。本当に怖いのは、最近の曲はどれも同じように聴こえるって言われること。

――「VH1ストーリーテラー」 2012年11月11日

17）アメリカのアパラチア山脈周辺のケンタッキーやバージニア州で演奏されている、バンジョーやマンダリン、フィドルを使った音楽。カントリーミュージックの1つ。

I'm used to being called too something. From my first album, I've been called either, you know, "This is too pop," "This is too rock." I had a song called "Mean" that people said was too bluegrass, too country, which I thought was funny. And I kind of had this revelation that I don't mind it if people are calling my music too something. It's people saying that all my songs are starting to sound the same—that's the big fear.

好きなことができるかどうかはわからない。できたとしても、2度目があるかどうかはわからない。だけど、今やりたいことをできていたり、そのために努力をしていたり、目標に向かって進んでる途中だとするなら、それは夢を叶えるための足がかりよ。心から大好きなことにつづく足がかりなら、喜んで歩きたいと思うでしょ。つづけていれば、いつの日か好きなことを仕事にできるときがくるから。

——「VH1ストーリーテラー」2012年11月11日

The thing about doing what you love is you never know if it's gonna happen, and you never know if you're gonna get to do it one more day. But the fact that you're doing it right now, or trying to do it, or working towards it, it's like stepping stones. . . . If you really love it, the stepping stones working towards it are just as rewarding as getting to do it and ending up with that as your job.

簡単な質問

彼氏と別れるべきかどうかで悩んだときは、簡単な質問を自分に問いかける。「もっと彼と一緒にいたい?」ってね。デートが終わって彼が家に帰るとき、今すぐにわたしの元に戻ってきてほしいって思う?「わからない」っていう答えは、ほとんどの場合がノーと同じ意味よ。

——『エル』誌 カナダ版 2012年11月19日

If you're debating whether you want to break up with a guy or not, I always ask myself the simple question of "Do you want more or not?" When they leave and they go home to their house, do you wish they would turn around and come back to yours? And "I don't know" usually equals no in almost any scenario.

曲づくりに至る思考回路

学校でイヤなことがあっても、つらい経験をしても「まあいいか、曲をつくるネタができたし」って自分に言い聞かせることができるから、曲づくりをはじめたの。
「心が痛い？　じゃあ、曲をつくればいい。気持ちが高ぶってる？　はいはい、曲づくりね」って思えるように、思考回路を鍛えあげたって感じかな。

――「トゥデイ　オーストラリア版」２０１２年年11月26日

I started writing songs because, when I'd have a difficult day at school or I'd be going through a hard time, I'd just tell myself, like, "It's OK, you can write a song about this later." And so I think I trained my brain to be like, "Pain? Write a song about it. Like, intense feeling? Write a song about it."

だれがそんなことするのよ

どうやら、わたしって恋をするたびに相手の近所に家を買う女だって思われてるみたい。すごいでしょ、家よ? だれかを好きになったら、近くの不動産を買収するってわけね。ドン引きされてフラれるのがオチじゃない。常識的に考えてみて、だれがそんなことするのよ。

――『ヴァニティ・フェア』誌 2013年3月15日

People say that about me, that I apparently buy houses near every boy I like—that's a thing that I apparently do. If I like you I will apparently buy up the real-estate market just to freak you out so you leave me. Like that makes sense, like that's something you should do.

積極的に彼氏を探すことはない。どんなものでも、探しているうちは絶対に見つからないようにできてるから。男性に最も求めてることは……等身大のわたしを見てくれること。23歳で、身長は177センチ、親しい人には〃テイ〃って呼ばれていて、中学時代は寂しい思いをしていたわたしを見てほしい。つまり、有名になる前のわたしを知ろうとしてくれる人がいい。ウィキペディアに書かれてることとか、授賞式での出来事なんかじゃなくて、1人の女の子として、わたしを知りたいと思ってくれる人がいい。

——『ヴァニティ・フェア』誌　2013年3月15日

I'm not actively looking, because you don't find anything when you're looking for it, but I think what I would mostly be looking for in a guy . . . is someone who sees me in my actual dimensions: 23 years old, five-foot-ten, people close to her call her "Tay," was really insecure in middle school. Like, a guy who wants to know the stories of who I was before this, and the things that aren't on my Wikipedia page and the things that didn't happen on an awards show—a guy who just wants to know the girl.

着る服

直感的にピンときた服を着るのが好き。15歳のころは、サンドレス[18]のような肩をだしたドレスとカウボーイ・ブーツがお気に入りだった。2年くらい、ずっと同じような格好をしてた。次に気に入ったのはボヘミアンで、妖精みたいな感じ。だから、2年間は妖精みたいに着飾ってた。

I'll have these style epiphanies. When I was 15, I realized that I loved the idea of a dress—like a sundress—and cowboy boots. And that's all I wore for, like, two years. And then I just started loving the bohemian, like, fairy-type look . . . so I dressed like a fairy would dress for like two years.

最近は50年代から60年代に撮られた写真をよく見るの。女性は真っ赤なリップとパールのイヤリングを着けて、すごくクラシックに決めていた時代ね。今のわたしは、もう少しビンテージ風かな。いつだって、なりたい自分を明確にイメージしてる。

――「ケッズ・パートナーシップ・ビデオ」 2013年5月15日

18）背中や肩を広めにあけた夏用のドレス。

And now I see pictures from the 50s and 60s where women had, like, red lips and a pearl earring and, like, those very classic looks. And I kind of dress now a little more vintage-y. So it's always got a direction to it.

歌にするだけの価値すらない愛

歌にするだけの
価値すらない愛なんて、
何の意味もないと
思うようになってきた。

『ローリング・ストーン』誌　2013年8月1日

I am getting to a point where the only love worth being in is the love worth singing about.

これは経験から学んだことなんですけど、誠実な男性と、そうじゃない男性を見極める方法があるんです。必死に〝俺って誠実〟アピールをしてくる男性は、誠実じゃないです。

——「ボビー・ボーンズ・ショー」２０１３年10月11日

With my experience with, like, nice guys and not-nice guys, the ones that are not nice are the ones who try to label themselves as a "nice guy."

フォトアルバムを見返しているような

『レッド』に収録された、ほぼ全曲の題材になった男性から連絡があったの。「アルバムを聴いて、ほろ苦い気持ちになったよ。まるでフォトアルバムを見返しているようだった」ってね。うれしかった。いや、うれしいどころじゃない。彼からは、荒れに荒れたヒドいメールもたくさん送られてきたから。そんなことをするよりも、愛が素晴らしいものだったころだけをふりかえって見るほうがよっぽどいいでしょ。2人とも深く傷ついたけど、そのうちの1人が偶然にもソングライターだったって話。

——「ニューヨーク」2013年11月25日

I heard from the guy that most of *Red* is about. He was like, "I just listened to the album, and that was a really bittersweet experience for me. It was like going through a photo album." That was nice. Nicer than, like, the ranting, crazy e-mails I got from this one dude. It's a lot more mature way of looking at a love that was wonderful until it was terrible, and both people got hurt from it—but one of those people happened to be a songwriter.

PART 3

2014-2015

権利

初の公式ポップアルバム『1989』は
予想をはるかに上回る反響を呼び、
ワールドツアーも大成功を収める。
また、スポティファイや
アップル・ミュージックに対して
音楽の対価を主張するなど、
音楽業界全体のことを考え、
発言するようになっていく。

テイラー・スウィフトの歩み PART3

2014

2匹目の猫を飼う。ドラマ『LAW & ORDER：性犯罪特捜班』のオリヴィア・ベンソン刑事から名前をつける。

初の公式ポップアルバム『1989』がリリースされる。タイトルはテイラーが生まれた年だが、同時に歌手として生まれ変わったテイラー自身と彼女のサウンドを表している。『1989』はビルボード200チャートで初登場1位を獲得したばかりか、リリース後1週間で128.7万枚の売り上げを記録し、メディアの予想をはるかに上回ってみせた。

『1989』発売日と同日にニューヨーク・シティはテイラーがグローバル・ウェルカム・アンバサダーに就任することを発表。

テイラーは、シングルカットされた『ウェルカム・トゥ・ニューヨーク』の売上金すべてをニューヨーク・シティの公立学校に寄付することを明かす。

音楽無料ストリーミング配信に対する抗議文を『ウォールストリート・ジャーナル』紙に掲載してから数か月後、テイラーはスポティファイからカタログを削除。『1989』においても、発売当初はスポティファイでの配信はされていなかった。

アルバム3作品が、それぞれリリース後1週間でミリオンセラーを記録した唯一のアーティストであることが認められ、アメリカン・ミュージック・アワード（AMAs）に新しく設けられたディック・クラーク・フォー・エクセレンス賞[19]を受賞。

SNSのタンブラーで、母親のアンドレアが癌であることを公表する。

第50回アカデミー・オブ・カントリーミュージック（ACM賞）にて、第50回記念マイルストーン賞を受賞。テイラーに賞を手渡すプレゼンターは、母親のアンドレア・スウィフトだった。

『1989』ワールドツアーが東京で幕を開ける。ミック・ジャガーからエレン・デジェネレス[20]といった会場ごとに異なるサプライズゲストが登場した。

ビルボード・ミュージック・アワード（BBMAs）にて（トップ・アーティスト賞やトップ・フィーメル・アーティスト賞を含む）8冠を果たし、当時歴代最高の受賞数を誇るアーティストとなる。

『フォーブス』誌が選ぶ世界で最もパワフルな女性100名の64番目に選ばれる。

アップル・ミュージックが顧客に与えている3か月の試用期間中は、アーティストに対してストリーミング配信の対価が支払われていないことを批判する手紙を公開する。

テイラーの身体に触れたことで告発されていたデビッド・ミューラーが、ウソの訴えによってキャリアが台無しになったとしてテイラーを名誉棄損で告訴する。1か月後の10月、テイラーはミューラーを相手に反訴を提起する。彼女が賠償金として求めたのは、1ドルのみだった。

19）音楽業界、エンターテインメント業界における大物司会者であるディック・クラークを称えてつくられた賞。

20）アメリカ出身のコメディアン、俳優。「エレンの部屋」の司会者。

音楽には価値がある

音楽は芸術作品よ。芸術とは重要で、貴重なもの。重要で貴重なものには価値がある。価値があるものには、それなりの値段がつけられるべき。音楽は無料で提供されるべきものじゃない。アーティストやレコード会社それぞれが、アルバムにふさわしいと思う価格を自分で設定できる日がくると信じてる。自分たちを過小評価したり、自分の芸術作品を軽んじたりしないでほしい。

――『ウォールストリート・ジャーナル』紙 2014年7月7日

Music is art, and art is important and rare. Important, rare things are valuable. Valuable things should be paid for. It's my opinion that music should not be free, and my prediction is that individual artists and their labels will someday decide what an album's price point is. I hope they don't underestimate themselves or undervalue their art.

ほんの一瞬の幸せを求めて、わたしたちは生きてる。幸せなときは永遠にはつづかない。たまにしか感じることはできないけど、その瞬間を待つだけの価値はある。

――『ギヴァー 記憶を注ぐ者』制作発表にて　2014年8月12日

We live for these fleeting moments of happiness. Happiness is not a constant. It's something that we only experience a glimpse of every once in a while, but it's worth it.

曲づくりに関する質問を多くもらったわ。作業の工程とか、アイデアが浮かんだら何をするのか、みたいな感じの質問ね。答えはね、まずはじめにスマホを手に取る。そのスマホをピアノの端にセットするか、ベッドに置いてギターを構える。そうしたら、最初に頭に浮かんだメロディだか適当なフレーズだかを、とにかく弾いてみるの。

——「Yahoo! ライブ・ストリーム」2014年8月18日

I've gotten a lot of questions about songwriting, about the process, about, you know, what happens when you get an idea. The answer is, the first thing I do is I grab my phone, and I either sit it on the edge of the piano or put it right down on my bed in front of my guitar, and I play whatever melody slash gibberish comes to my brain first.

ダンスって、その人の生き方を表すと思う。たとえばホームパーティをしてるのに、みんなが踊ってるのを冷めた目で見ながら話ばかりしてるグループがいるとするでしょ。踊ってる人たちと、冷めた目のグループ、パーティを心から楽しんでるのはどっちだと思う？

――『ガーディアン』紙　２０１４年８月23日

I feel like dancing is sort of a metaphor for the way you live your life. You know how you're at a house party and there's a group of people over there just talking and rolling their eyes at everyone dancing? And you know which group is having more fun.

「お願い、だれにも言わないで」

秘密保持契約を結ぶよりも効果的な方法って何だと思う？ 相手の目をしっかり見つめて、こう言うの。「お願い、だれにも言わないで」[21]

――『ローリング・ストーン』誌 2014年9月8日

21) 2012年に交際をウワサされていたハリー・スタイルズとのドライブ中に事故を起こして救急救命室へ運び込まれたにも関わらず情報が洩れなかった、というエピソードに関するコメント。

You know what I've found works even better than an NDA? Looking someone in the eye and saying, "Please don't tell anyone about this."

とにかく彼氏をつくることばかりに必死になってると、キレイな女性を見て思うことは「あーあ、わたしの大好きなイケメンも、きっとあの人を選ぶだろうなあ」って感じになりがち。でも彼氏探しに躍起になっていなければ、物事を冷静に考えられる。だからステキな女性を見て思うのは「わあ、あの人と仲良くなりたい」だけ。

――『ローリング・ストーン』誌　２０１４年９月８日

When your number-one priority is getting a boyfriend, you're more inclined to see a beautiful girl and think, "Oh, she's gonna get that hot guy I wish I was dating." But when you're not boyfriend-shopping, you're able to step back and see other girls who are killing it and think, "God, I want to be around her."

人生で最も大切なこと

どこにいても周囲から浮いてしまうと感じていても、望むものすべてを手に入れることはできる。CDが何百万枚も売れたからといって、かっこいい人気者になったとは思ってない。とても誇らしいし、大勢の人が支えてくれてると実感するし、ものすごく努力したけどね。人生で最も大切なことは、周囲に溶け込んで生きることじゃないと思う。生きていく上で1番重要なのは、自分のドラムが鳴らすビートに合わせて踊ること。そして、お高くとまってる人たちよりも楽しそうに生きること。

――『シェイク・イット・オフ』ミュージックビデオの撮影裏にて
2014年9月11日

You can get everything you want in life without ever feeling like you fit in. You know, selling millions of records doesn't make me feel cool. Like, it makes me feel proud, and like I have a lot of people on my side and I've worked really hard. But, you know, I don't think it's the most important thing in life to fit in. I think it's the most important thing in life to dance to the beat of your own drum and to look like you're having more fun than the people who look cool.

わたしの両親

両親はステージ・ペアレント[22]とは完全に真逆。だから娘が音楽にのめりこんだとき、どうしたらいいのか、さっぱりわからなかった。だって2人とも、歌手でも音楽家でもないからね。娘が音楽に夢中になるという予想外のことが起きたものだから、2人は音楽業界について無知のままじゃいられなくなっちゃったってわけ。

――「Tout le monde en parle」2014年9月28日

22）子どもの芸能活動を後押しし、マネージャーのように振る舞う親のこと。

They are the opposite of stage parents. They had no idea what to do with me when they discovered that their kid was obsessed with music, because neither of them sang or play instruments. It was very out of left field for them, so they had to learn about this industry just because I was obsessed with it.

カントリーミュージックに惚れこむ理由

カントリーミュージックに惚れこんで、これからもずっと愛しつづけていく理由は、物語を伝えるような音楽だから。物語がはじまって、そのつづきを語って、曲の最後で結末を伝える。曲が終わるころには、まるで叙情詩のなかを旅してきたような気持ちになれる。わたしの曲づくりにおいても、物語は永遠に譲れない部分なの。

——「Tout le monde en parle」2014年9月28日

I think what I loved about country music, and what I will always love about it, is that it is such a storytelling genre. You start a story, you tell the second part of the story, and then you finish the story at the end of the song, and you feel like you've been on a lyrical journey. And that is a part of my songwriting that's never gonna leave.

トレンドを追っても、音楽が世にでるころには流行が終わっていて、もう次の波が来てるわけよ。その時々で流行ってるものを追いかけるよりも、自ら波を起こして新しいものをつくる側の人間でいたい。

―「キス FM UK」 2014年10月9日

I think that if you're chasing a trend, by the time you put that music out, the trend is going to be over and there's going to be sort of a new wave of what's working. And I think I'd much rather kind of be part of a new wave and create something new rather than try to chase what everyone else is doing at the time.

アルバムは2年かけて、じっくり制作したい。1年目は、とにかく実験をしてみる。あんな曲やこんな曲、いろんな種類の音楽をたくさんつくってみるの。そんなことをつづけていると、自然と1つのものに引き寄せられていく。『1989』もそう。あのとき引き寄せられたのは、80年代の影響を受けたシンセポップだった。

——「BBCラジオ1」 2014年10月9日

I like to take two years to make an album, so the first year is a lot of experimentation. And it's just sort of like, I'll try out all kinds of different things, and write this kind of song and that kind of song. And after a while you start to naturally gravitate towards one thing. And that's what happened with [*1989*], and the thing I naturally gravitated towards was sort of like late 80s– infused synth-pop.

ソングライターと有名人

ソングライターとしては、自分をさらけだすべきだと思うし、繊細でいるべきだし、痛みを感じるべきだし、その痛みは強烈であるべきでしょうね。でも有名人という立場で考えると、心に壁をつくらざるを得ないような状況に追い込まれるわけ。投げかけられる心無い言葉から自分を守るためにね。この完全に矛盾した2つの環境を、綱渡りのように行ったり来たりしてるのがわたしなの。

——「BBCラジオ1」2014年10月9日

I think that as a songwriter you're supposed to stay open, and you're supposed to stay vulnerable, and you're supposed to feel pain and feel it intensely. As a celebrity, you're kind of encouraged to put up these emotional walls and block out all the voices saying terrible things about you and to you. And so they're mixed messages, and I'm trying to kind of like walk a tightrope in between the two.

ステージ上での過激な恰好について

「アルバムの売り上げを伸ばしたいなら、もっとセクシーな格好をしなきゃダメだ」なんて言ってくるマネージャーとかイメージコンサルタント的な人がたくさんいるなんて、考えたくもない。ただ、ステージ上で過激な格好をすることで女性が自らのセクシャリティや力強さを表現したいと思うのなら、ためらう必要なんてない。それは尊敬すべき行動だから。でも正直に言うけど、それって女性にはなかなか難しいことだと思う。

――「BBCラジオ1」 2014年10月9日

I wouldn't like to think that there's a team of managers or image consultant-type people who are saying, "You need to wear less clothes so you'll sell more albums." But as long as a woman feels like she's expressing her own sexuality or feels empowered looking a certain way onstage, just follow that. I applaud that. But I do think it's harder for women, I honestly do.

音楽だけ

わたしにピッタリ合ったのは、音楽だけだった。まるで、シンプルな黒のワンピースみたいにね。これなら、どこへ行くにも着られるもの。ほかのは、季節が過ぎたら着られなくなっちゃう。1年中ずっと身に着けていられるのは音楽だけ。

『エスクァイア』誌　2014年10月20日

Music is the only thing that's ever fit me like that little black dress you wear every single time you go out. Other things fit me for certain seasons, but music is the only thing that I would wear all year round.

現実的に考えて、何百万もの人が1日中ずっとわたしのことを考えていてくれるほどヒマじゃないことくらい理解してる。仕事で忙しいだろうし、子どもや旦那さん、彼氏や友だちのことも考えなくちゃいけない。忙しい毎日のなかで、テレビの向こうにいる人間について知ることができるのは、せいぜい2、3個の目立った特徴くらい。それで、まったく構わない。その3個の特徴っていうのが、暴走しすぎ、イカれてる、才能ナシ、じゃなければね。

――『エスクァイア』誌 2014年10月20日

I'm realistic about the fact that millions of people don't have time in their day to maintain a complex profile of who I am. They're busy with their work and their kids and their husband or their boyfriend and their friends. They only have time to come up with about two or three adjectives to describe people in the public eye. And that's okay. As long as those three adjectives aren't train wreck, mess, terrible.

綱渡り

ちょっとやそっとじゃ傷つかない自分、たった一撃で壊れてしまうほど弱い自分、繊細だけど何かあるとすぐ曲にしてしまう自分、この3つのあいだを綱渡りのようにフラフラと行き来してるような感じ。

『エスクァイア』誌　２０１４年10月20日

It's all about walking a tightrope between not being so fragile and breakable that they can level you with one blow and being raw enough to feel it and write about it when you feel it.

ポップミュージックでは、カントリーミュージックじゃ許されないような手法で聴かせどころをつくることができる。ソングライターとして、ワクワクせずにはいられない。曲中で叫んだり、しゃべったり、ささやいてみたり……賢く使えば、効果的な聴かせどころになるの。

――『ビルボード』誌　２０１４年10月24日

When you're making pop, you can make a hook out of different elements that I wasn't able to do previously, and that has been thrilling for me as a songwriter. You can shout, speak, whisper—if it's clever enough, it can be a hook.

闇を乗り切る

日々の暮らしにも、闇のように暗い気持ちにさせる要素ってたくさんあるでしょ。どす黒い感情が渦巻くことだってある。それを乗り切って、ハッピーで満ち足りた気持ちになりたければ、闇から抜けだす方法とか、闇に光を当てる方法、もしくは違った見方をする方法を見つけなくちゃいけない。わたしの場合は、暗いメッセージを明るくてハッピーなビートやメロディに乗せることが多い。あの感じが好きだからね。

——「ビッグ・モーニング・バズ・ライブ」 2014年10月27日

There are elements of darkness in our everyday life. There are elements of kind of these darker emotions, and we have to just figure out how to get through them or shine a light on them or look at them a different way, just in order to survive and be happy and be content. But in my songwriting, a lot of the time I'll have kind of a darker message with a lighter, happier beat or melody and just juxtapose them because I like the way that that feels.

意見を言ってくれない

5枚目のアルバムを発表するころには——ありがたいことに過去のアルバムは大ヒットを記録している し——だれも意見を言ってくれなくなるものよ。レコード会社は「なんとも個性のない曲だなあ。もっと全力で曲づくりに取り組まないとダメだ」なんて言ってくれない。自分で気づかなきゃいけないの。自分で自分に厳しくしなくちゃダメ。ここまでくると、何をしても認めてもらえるようになってしまうから。

——『ザ・サン』紙　２０１４年10月27日

When you're five albums in—and I've been fortunate enough to sell a lot of albums so far— you don't have anyone to challenge you. My label's never going to say to me, "Oh this album isn't different enough artistically, you really need to be stretching yourself." You have to do it yourself. You have to push yourself because at this point a lot of people are just going to tell you that whatever you do is good enough.

指標の1つ

いつか孫に恵まれたら……なんて考えるときがある。今のわたしの写真や映像を見て、何て言うかなって想像してみるの。きっと大笑いして、不器用な振る舞いをマネしたりするんだろうな。でも、恥をかかせるような行動だけはとりたくない。

ロールモデルとしても、よく聞かれる。「お手本としての自覚は？」とか、「あなたの私生活が小さな子どもに与え

I think about what—if I'm lucky enough to have grandkids someday—what they would say if they went back and looked back at pictures and videos and things like that. And I'm sure they'd laugh at me and, like, make fun of my awkwardness and things like that, but I would never want to embarrass them. And it's interesting because it's like this whole role model question. Like, are you a

る影響を1番に考えて行動しているのか?」とかね。そんなプレッシャーを感じながら生きる必要なんてないと思うけど、自分の人生だとか功績について考えるときや、何か新しいことをはじめようとするときには指標の1つになってくれる。「将来、5歳の我が子に見せられる?」ってね。

——「テイラー・スウィフト 1989」 2014年10月27日

role model? Do you think about the little kids in the front row when you're doing all the things you're doing in your life? I think that's an unnecessary pressure to put on yourself, but it's easier when you make it about your own life, your own legacy, when you kind of bring it in-house and you're like, "What if I have a five-year-old someday?"

権利

２０１４‐２０１５

今のあなたがどんな人であれ、それは自分で選んだ結果なんだということを忘れないで。あなたの性格は、だれかが陰で言った悪口なんかじゃ決まらない。どんな人間として人の記憶に刻まれていくかを決められるのは、あなただけなの。

――『１９８９』ライナーノーツ　２０１４年10月27日

I hope you know that who you are is who you choose to be, and that whispers behind your back don't define you. You are the only one who gets to decide what you will be remembered for.

ファンのみんなに、知っておいてほしいことがある。自分に自信が持てない日があったっていい。ハッピーじゃない日があってもいい。自分を魅力的だと思えない日だってある。必要とされていると感じられない日があっても大丈夫。つらいときでもハッピーでいなくちゃ、なんて負担に感じないでほしい。何よりも大切なのは、自分の気持ちに素直でいることだからね。

――「テイラー・スウィフト　１９８９」　２０１４年10月27日

I try to encourage my fans that they don't have to feel confident every day, they don't have to feel happy every day, they don't have to feel pretty every day, they don't have to feel wanted every day, that they shouldn't put added extra pressure on themselves to feel happy when they're not, you know? I think being honest with yourself emotionally is really important.

過去の思い出

懐かしい筆跡で書かれた手紙を受け取って、ひとときだけの物憂げな恋愛が波のようによみがえってくるのを感じることがあるでしょ。たとえばポケットに入れたままになっていたポラロイド写真が、忘れたころにでてきたときのような気持ちと同じ。たしかに手元にあったものでも、手放してしまったら二度と戻ってこない。過去の思い出が、何事にも代えられない大切で忘れられないものになっていく様子って、なんだか詩的だなって思う。

──「ビッグ・モーニング・バズ・ライブ」 2014年10月27日

You feel kind of this wave of wistful romance when you get a letter and you see someone's handwriting, the same way when you take a picture and someone hands you the Polaroid and you put it in your pocket and you find it later. It's like it's something you truly have, and if you lose it, it's truly lost. And I think there's something kind of poetic about the idea of your memories being something you want to hold on to, preserve, and not misplace.

『1989』以前のアルバムでは「わたしが正しくて、間違っていたのはあなた。あなたのこうした行動が、わたしをこんな気持ちにさせた」って、正義感のような感情を歌っていた。恋愛関係の正解と不正解を決めつけていたの。だけど、大人になって気づいた。恋愛関係におけるルールなんて、とんでもなく不明瞭で、あっというまにゴチャゴチャしちゃうって。それに、必ずしもどちらかが正しくて、どちらかが間違いだとは限らない。

――「オンエアー・ウィズ・ライアン・シークレスト」
2014年10月31日

My previous albums [before *1989*] have always been sort of like, "I was right, you were wrong. You did this; it made me feel like this." Kind of a sense of righteous, like, right and wrong in a relationship. And what happens when you grow up is you realize that the rules in a relationship are very, very blurred, and that it gets very complicated very quickly, and there's not always a case of who was right and who was wrong.

CD

音楽業界が破綻していく予兆を感じてる人たちは、大多数の国民が毎日車に子どもを乗せて学校まで送り迎えをしてるなんてことは考えもしないのね。車のなかではCDをかけて、子どもと一緒に聴いてるはず。車に備え付けられたCDプレーヤーには、ちゃんとCDが入ってるの。音楽業界が変わってきて、多くの人がストリーミングで聴いてるってことはわかってるわ。だけど、そうじゃない人だってたくさんいるんだから。

――「オール・シングズ・コンシダード」 2014年10月31日

What people who are forecasting the downfall of the music industry don't think about is that there is a still a huge percentage of the country who drive their kids to school every day and play a CD and listen to it with their kids— there's a CD in the CD player in their car. So I understand that the industry's changing and a lot of people are streaming. However, there are a lot of people who aren't.

音楽業界は目まぐるしい速度で変わっていくけれど、そのなかで大ヒットを記録した音楽から学べることがあるはず。世間の人々とつながるすべてのものから、何かしら学ぶことができるはず。わたしたちがやるべきなのは、自分のキャリアやファンにふさわしいリリース計画を立てること、そしてファンの気持ちにしっかり応えること。だからわたしは毎晩インターネットでリサーチしながら、みんなが求めてることを何時間も考えるの。

――「オール・シングズ・コンシダード」 2014年10月31日

I think that the way that the music industry is changing so quickly, we can learn something from every big release, anything that connects with people. . . . I think that what we need to start doing is catering our release plans to our own career, to our own fans, and really get in tune with them. I've been on the internet for hours every single night figuring out what these people want from me.

『シェイク・イット・オフ』

何を言われても自分らしく生きようって思ってつくったのが『シェイク・イット・オフ』。ストレスの原因になる人たちを、ユーモアのネタにしちゃえっていう思いもあった。それから、あんな人たちの思惑通りにイライラしてたまるもんかっていう気持ちもね。数年前に書いた『ミーン』も同じ感情を元にした曲だけど、まったく別のとらえ方をしてるの。

With the song "Shake It Off," I really wanted to kind of take back the narrative, and have more of a sense of humor about people who kind of get under my skin—and not let them get under my skin. There's a song that I wrote a couple years ago called "Mean," where I addressed the same issue but I addressed it very differently.

「どうしてそんなに意地悪なの？」なんて言ったりして、被害者目線で歌ってる。いじめられたり、ひどいウワサを流されたりしたら、だれでも最初はそんな反応をするでしょ。でもここ数年は、実生活の邪魔さえしてこなければ笑いとばせるようになった。

――「オール・シングズ・コンシダード」 2014年10月31日

I said, "Why you gotta be so mean?" from kind of a victimized perspective, which is how we all approach bullying or gossip when it happens to us for the first time. But in the last few years I've gotten better at just kind of laughing off things that absolutely have no bearing on my real life.

スポティファイのような目新しいものって、大規模な実験のように思えてしまう。作詞・作曲家、プロデューサー、アーティスト、クリエイターといった大勢が携わった音楽に正当な報酬すら支払わないような実験に、人生を捧げて完成させた作品を寄付する気なんてない。

―― Yahoo! 2014年11月6日

Everything new, like Spotify, all feels to me a bit like a grand experiment. And I'm not willing to contribute my life's work to an experiment that I don't feel fairly compensates the writers, producers, artists, and creators of this music.

メレディス

メレディスは、わたしがはじめて飼った猫で、よくインスタグラムとかに写真を載せてるんです。とても美人な子猫だったから、今年のセレブ猫みたいな感じで呼ばれるようになって。それからメレディスの様子が変わったから、うっすら自覚してるっぽいんですよね。前は大はしゃぎしてたのに、今ではじっと考えこむような仕草を見せて、あなたのことなんて気にしてませんけど、みたいな顔でこっちを見てくるんですよ。

――「ライブ・ウィズ・ケリー・アンド・マイケル」
2014年11月26日

Meredith, she was the first cat that I got. I post pictures of her on Instagram and stuff. And she was a really beautiful kitten, so she became named, like, the year-end top celebrity pet. I think on some level she knew because she changed after that. Less likely to frolic, more likely to brood and just stare at me like I don't matter.

『1989』の構想を巡って

『1989』の構想がまとまったとき、スコット・ボーチェッタにこう言ったの。「正直に言うけど、次のアルバムはカントリーアルバムにはならない。カントリーの要素は、どこを探しても見つからない」ってね。当然だけど彼は軽いパニックになって困惑して悲しんでた。やめてくれと頼みこんできて、認めようとしなかったの。

When I knew the album had hit its stride, I went to Scott Borchetta and said, "I have to be honest with you: I did not make a country album. I did not make any semblance of a country album." And of course he went into a state of semi-panic and went through all the stages of grief—the pleading, the denial.

「3曲だけでも、カントリーミュージックを入れる気はない？『シェイク・イット・オフ』にフィドル[23]の音を足してみない？」って言われたけど、「ノー」の意思は固かった。ポップの枠にピタっとハマっているのに、わざわざ2つのジャンルをごちゃ混ぜにするなんておかしな話だもの。

――『ビルボード』誌　２０１４年12月５日

23）バイオリンに似た弦楽器。カントリーミュージックやクラシックでよく使われる。

"Can you give me three country songs? Can we put a fiddle on 'Shake It Off'?" And all my answers were a very firm "no," because it felt disingenuous to try to exploit two genres when your album falls in only one.

アーティストの権利を守る

音楽業界が変わりつつあることも、この先も変わりつづけていくことも理解してる。その変化を受け入れる準備はできてる。先へ進む覚悟もある。ただ、今の音楽業界における経済システムには納得がいかない。音楽業界に身を置くわたしたちが協力しあえば、配信技術を発展させながらアーティストの権利を守ることだって可能にできると信じているの。

――ビルボード・ウィメン・イン・ミュージック・アワード　2014にて　2014年12月12日

I'm very well aware that the music industry is changing and it will continue to change. And I am open to that change. I am open to progress. I am not open to the financial model that is currently in place. I really believe that we in the music industry can work together to find a way to bond technology with integrity.

自分の体験を曲にする男性は勇敢。自分の体験を曲にする女性は恥知らずで感情的。イカれてるって言われる場合もあります。もしくは「気をつけろよ、新曲のネタにされちまうぞ！」とか。何時代のジョークなのって感じですけど。その発想自体が、思いっきり性差別だし。

――「バーバラ・ウォルターズの"２０１４年の最も興味深い人トップ10"」　２０１４年12月15日

If a guy shares his experience in writing, he's brave. If a woman shares her experience in writing, she's oversharing and she's overemotional. Or she might be crazy. Or, "Watch out, she'll write a song about you!" That joke is so old. And it's coming from a place of such sexism.

権利

2014-2015

職業柄、感受性は強くなくちゃいけないから……いろいろ考えてると、まるで40歳になったような気持ちになる。早く大人にならなくちゃいけなかった。だけど反対に、好きなものや趣味とかは、成長が止まってしまったような気がする。独立記念日には、自宅の庭に特大の滑り台をつくって遊びたいって思ってるくらいだからね。

『ラッキー』誌の表紙撮影にて　2014年12月

I've always felt, you know, 40, in my career sensibilities and things like that. I've had to grow up fast. But then I think on the opposite end that's kind of stunted my maturity as far as, like, my interests and my hobbies. My ideal Fourth of July celebration was creating a giant slip and slide on my lawn.

おへそを見せるのは好きじゃない。おへそが見えるってことは、おなかも見せなくちゃいけない。おなかもちょっとしか見せたくないから、だしても肋骨の下ぐらいまでって決めてるの。わたしにおへそがあるのかどうかは謎にしておきたい。ミステリアスでいいでしょ。

――『ラッキー』誌　2014年12月

I don't like showing my belly button. When you start showing your belly button then you're really committing to the midriff thing. I only partially commit to the midriff thing—you're only seeing lower rib cage. I don't want people to know if I have one or not. I want that to be a mystery.

アクアマン

アクアマンって呼ばれる男性がいてね。悪口は言いたくないんだけど、少し変わった人だった。わたしと結婚しようと思い立って、わたしの家まで海を泳いでいこうって決めたわけ。でもわたしの家まで1マイル地点（約1.8キロ）で警察に捕まりそうになって、また泳いで戻っていったの。そんなに泳げるなら、オリンピック選手になるべきよね。

「BBCラジオ1」2015年2月24日

There was a guy we had nicknamed Aquaman. And I don't want to speak ill of [him], you know— he wasn't well. But he decided that we were married and decided to swim across . . . the ocean about a mile to get to my house. And then the cops came or something and then he swam all the way back. He should be an Olympic athlete, actually.

はっきりさせておきたいんだけど、『ブランク・スペース』の歌詞は「元カレの名前が書かれた長いリスト」で正解。[24] 本当にラッキーだった。だって、この歌詞と『ブランク・スペース』という歌自体が世界中で勘違いされたおかげで、アルバムが8週連続で1位を記録したんだから。

――アイハートラジオ・ミュージック・アワード2015にて
2015年3月29日

24）アルバム発売後、「a long list of ex-lovers（元カレの名前が書かれた長いリスト）」という歌詞を「All the lonely Starbucks lovers（孤独なスターバックス愛好者たち）」と空耳する人が多かった、という話が元ネタとなっている。

I would like to clarify that the line is actually "Got a long list of ex-lovers." I'm very lucky that that line and my song ["Blank Space"] was misunderstood all over the world and had, like, eight weeks at number one.

寛大なカントリーミュージックの世界

都合の悪いことを言われたときに、人は本性をだすものらしい。わたしがポップアルバムをつくってほかのジャンルにも挑戦してみたいって言ったとき、カントリーミュージックの世界は広い心でそれを受け入れてくれた。その寛大さこそが、カントリーミュージックそのものなんだと思います。

――第50回アカデミー・オブ・カントリーミュージック・アワードにて
2015年4月19日

Somebody once told me that you truly see who a person is when you tell them something they don't want to hear. . . . To the country music community, when I told you that I had made a pop album and that I wanted to go explore other genres, you showed me who you are with the grace that you accepted that with.

別れの理由

ゴシップ記事によれば、わたしが別れる原因はいつだって同じ。「テイラーの異常な執着心」とか「感情の起伏が激しくて彼氏に逃げられた」とかね。そんな理由で別れたことなんて1度もないのに。本当の理由を知りたい？　メディアよ。相手のことを知ろうとしてるデリケートな時期だっていうのに、会ったばかりの人と闘技場のどまんなかに踏み込んでいくような気持ちにさせられるんだから。

――『グラマー』誌　UK版　2015年4月24日

They always go to the same fabricated ending that every other tabloid has used in my story, which is, "She got too clingy," or "Taylor has too many emotions, she scared him away." Which has honestly never been the reason for any of my break-ups. You know what has been the reason? The media. You take something very fragile, like trying to get to know someone, and it feels like walking out into the middle of a gladiator arena with someone you've just met.

権利

2014-2015

自分の手でつくりあげた居場所に火をつけて、台無しにする必要なんてない。足りないものがあれば追加すればいい。模様替えをするのだって自由。何をしようと、わたしがつくりあげたものであることに変わりはない。「17歳のころはワインオープナーみたいなダサい巻き毛だったし、カウボーイ・ブーツに肩が丸だしのサンドレスで授賞式に参加したなんて信じられな

I feel no need to burn down the house I built by hand. I can make additions to it. I can redecorate. But I built this. And so I'm not going to sit there and say, "Oh, I wish I hadn't had corkscrew-curly hair and worn cowboy boots and sundresses to awards shows when I was 17; I wish I hadn't gone through that fairy-tale phase where I just wanted to wear princess dresses to awards shows every single time."

い」とか「授賞式があるたびに、おとぎ話のプリンセス気取りで派手なドレスばっかり着たのは失敗だった」なんて言いたくない。だって自分で決めたことだもの。自分でやったこと。そうやって成長してきたんだから。「さて、今年のテイラーはどんな感じにしようか？」なんて、どこかのお偉いさんが会議をして決めたわけじゃない。

――『エル』誌　２０１５年５月７日

Because I made those choices. I did that. It was part of me growing up. It wasn't some committee going, "You know what Taylor needs to be this year?"

セカンド・アルバムを制作しているときは、まだだれとも付き合ったことがなかった。だから歌詞の内容は、恋愛ってこんな感じなんだろうなっていう想像にすぎなかったの。映画、本、歌、文学作品とかって、恋愛は人生で最も素晴らしいものだってて思わせてくるでしょ。でも実際に恋をしてみると、ガッカリしたり、すぐ別れちゃったりする。

I'd never been in a relationship when I wrote my first couple of albums, so these were all projections of what I thought they might be like. They were based on movies and books and songs and literature that tell us that a relationship is the most magical thing that can ever happen to you.

今思えば、恋をした気になっていただけなのかもしれないけど。とにかく、ハッピーエンドなんて現実の世界ではあり得ないんだって気づかされた。夕日に向かって走り去ってジ・エンド……なんてあり得ない。だって現実世界では、そのあともカメラが回りつづけているんだもの。

『エル』誌　2015年5月7日

And then once I fell in love, or thought I was in love, and then experienced disappointment or it just not working out a few times, I realized there's this idea of happily ever after which in real life doesn't happen. There's no riding off into the sunset, because the camera always keeps rolling in real life.

13歳のわたしに

過去に戻って、13歳の自分に1つだけ伝えられるなら、こんなふうに言う。「これから経験するすべてのことは、悪い出来事も含めて、すべてに意味がある。悪い出来事からは、うれしい出来事よりも多くのことを学べるからね」

――『エル』誌の表紙撮影にて 2015年5月8日

If I could go back and tell myself one thing as a 13-year-old, I think I would go back and tell myself that everything that's going to happen to me, even the bad things, are happening for a reason, and that I will actually learn more from the bad things that happened to me than I will the good things.

女性同士の友情

仲良しグループのなかで、同じ男性と付き合ったことのある子たちもいる。でも、姉妹同然のわたしたちにとって、友情は特に優先すべきことなの。今は女性が理解されるのは難しい時代だし、メディアによって間違った印象ばかりが流されてる。だからこそお互いを必要とし合える仲間に出会えたら、お互いに今までより親切で優しくならなくちゃいけない。争ってる場合じゃない。男性の好みが同じだからって、憎しみ合う必要はないんだから。

——『ヴァニティ・フェア』誌　2015年8月11日

We even have girls in our group who have dated the same people. It's almost like the sisterhood has such a higher place on the list of priorities for us. . . . When you've got this group of girls who need each other as much as we need each other, in this climate, when it's so hard for women to be understood and portrayed the right way in the media . . . now more than ever we need to be good and kind to each other and not judge each other— and just because you have the same taste in men, we don't hold that against each other.

道徳心

人の本質を見極める基準にしてるのは、その人に道徳心があるかどうか。道徳心のない人は最低だと思ってるから。どれだけ才能があろうが、有名だろうが、大きな成功を収めていようが、お金持ちだろうが、人気者だろうが、道徳心がなければ意味がない。友だちを裏切る人や、平気で悪口を言う人、意図的に傷つけようとする人、相手を見下す人……そんな人たちと関わる気は1ミリもない。

――『ヴァニティ・フェア』誌　2015年8月11日

I judge people based on their moral code; I think someone is nothing without a moral code. I don't care if you're talented or celebrated or successful or rich or popular, if you have no moral code. If you will betray your friend, if you will talk about them badly behind their back, if you will try to humiliate them or talk down to them, I have no interest in having a person like that in my life.

男の子がお姫様ごっこをするのも、女の子が兵士ごっこをするのも自由な2015年という時代に生きていられることが、とにかく幸せ。

――2015MTVビデオ・ミュージック・アワードにて
2015年8月30日

I'm just happy that in 2015, we live in a world where boys can play princesses and girls can play soldiers.

たくさんの賞が欲しくて音楽をつくるわけじゃない。でも進化しつづけていくためには、自分できっかけをつかまなくちゃ。賞を逃したとき、どんなふうに思うかは自分次第よ。「わたしに票を入れないなんて、みんなが間違ってる」って思うのも選択肢の1つ。2つめは「勝手にステージにあがって、受賞した人からマイクを奪ってやろう」っていう考え方。

We don't make music so we can, like, win a lot of awards, but you have to take your cues from somewhere if you're gonna continue to evolve. You have a few options when you don't win an award. You can decide, like, "Oh, they're wrong. They all voted wrong." Second, you can be like, "I'm gonna go up on the stage and take the mic from whoever did win it."

そして最後は「みんなの言うとおりかも。わたしのアルバムは、キャリア最高と言えるほどのものではなかったのかもしれない。もっと人の心を魅了するような音楽をつくらなくちゃ。レコード会社と自分の方向性を見直して、彼らの意見に耳を傾けるべきかしっかり考えよう」と思うこと。

――グラミー賞リスニング・セッションにて　2015年10月9日

Or, third, you can say, "Maybe they're right. Maybe I did not make the record of my career. Maybe I need to fix the problem, which was that I have not been making sonically cohesive albums. I need to really think about whether I'm listening to the record label and what that's doing to the art I'm making."

どちらかを選ぶ

スタジアムでライブをするか、だれにも気づかれずに街を歩くか……。わたしはスタジアムでのライブを選ぶ。両方は手に入らない。同時に2つの道を走ることなんてできない。どちらかを選ばなくちゃいけないの。もしも今走ってる道が気に入らないなら、方向転換すればいいだけ。何もせずに「あーあ、世界中のいいことだけを独り占めして、悪いことが何も起きなければいいのに」なんて言っててもムダ。現実はそんなに甘くないんだから。

――NME（ニュース・ミュージカル・エクスプレス）
2015年10月9日

Playing stadiums . . . walking down the street . . . I'd choose playing stadiums. It's a trade-off. There's no way to travel two roads at once. You pick one. And if you don't like the road you're on, you change direction. You don't sit there and go, "Oh, I wish I could have all the good things in the world and none of the bad things." It doesn't work like that.

こんなにも友情を大切に思うのは、中学でも高校でも、ほとんど女友だちがいなかったからだと思う。友だちが欲しいって、ずっと思ってた。学生のころは、なかなか友だちができなかったから。

――『GQ』誌　2015年10月15日

I honestly think my lack of female friendships in high school and middle school is why my female friendships are so important now. Because I always wanted them. It was just hard for me to have friends.

ミート・アンド・グリート

150人もの人とミート・アンド・グリートをするなんて気の毒、と思うかもしれない。だれかの指示でやらされてると思ってるでしょ？　なんとビックリ、自分の意思なのよ。1時間にも満たない短い会話にだって深い意味がある。1度もミート・アンド・グリートを経験したことがない人には変な風習に聞こえるかもしれないけど、10年間もつづけてると、そのときに感じる幸福感に心から感謝するようになる。簡単に手に入る幸福感ではないし、とてもはかないものだから。

――『GQ』誌　2015年10月15日

You might think a meet-and-greet with 150 people sounds sad, because maybe you think I'm forced to do it. But you would be surprised. A meaningful conversation doesn't mean that conversation has to last an hour. A meet-and-greet might sound weird to someone who's never done one, but after ten years, you learn to appreciate happiness when it happens, and that happiness is rare and fleeting, and that you're not entitled to it.

運よく成功が転がりこんできて、3、4年くらいは夢の時間を味わえることもある。珍しい話じゃない。でもキャリアを積み重ねていきたいのなら、並大抵の努力じゃ通用しない。

――『GQ』誌　2015年10月15日

You can be accidentally successful for three or four years. Accidents happen. But careers take hard work.

ほかの子たちが普通のテレビ番組を見ていたときに、わたしは「ビハインド・ザ・ミュージック」[25]を見てた。バンドが順調だったころの映像を見て、どうして失速しちゃったんだろう、なんて不思議に思ってたものよ。本当に、しょっちゅう考えてたの。それで結果的に導きだした答えは、自分自身の認識が甘いと成功はつかめないということだった。自己認識の甘さは、関係性を弱め、熱意を曇らせ、芸術性を低下させる原因になってしまう。1日に課す目標のなかでも、自己認識を高めることは今でも大部分を占めてる。

『GQ』誌　2015年10月15日

25）1997年から2014年までアメリカで放送されていた、人気歌手やグループに密着した音楽ドキュメンタリー番組。

When other kids were watching normal shows, I'd watch *Behind the Music*. And I would see these bands that were doing so well, and I'd wonder what went wrong. I thought about this a lot. And what I established in my brain was that a lack of self-awareness was always the downfall. That was always the catalyst for the loss of relevance and the loss of ambition and the loss of great art. So self-awareness has been such a huge part of what I try to achieve on a daily basis.

この仕事をはじめて最初の数年は、みんなに同じことを言われる。「楽しんでおいで。とにかく、思いきり楽しみなさい」だれもが口をそろえて、そう言った。今になって、ようやく楽しみ方がわかった。

――『GQ』誌　２０１５年10月15日

During the first few years of your career, the only thing anyone says to you is "Enjoy this. Just enjoy this." That's all they ever tell you. And I finally know how to do that.

業界をなくしたくない

音楽活動を夢見ている人や、ピアノの練習をがんばってる小さな子どもが進むべき業界をなくしたくない。

「ビーツ１」 ２０１５年12月13日

For anyone who wants to create music, for any little kid who's taking piano lessons right now, I want them to have an industry to go into.

PART 4

勇気と行動

2016-2019

2016年、「歴代で最も年収が高い女性ポップスター」のギネス世界記録に認定されるなど、不動の地位を築くテイラー。一方で自らの政治観を表明し、性暴力被害者支援団体へ寄付するなど、音楽活動以外でも影響力を発揮していく。

テイラー・スウィフトの歩み PART4

2016

第58回グラミー賞にて、ベスト・ミュージックビデオ賞（『バッド・ブラッド』）、ベスト・ポップ・ボーカル・アルバム賞（『１９８９』）、アルバム・オブ・ザ・イヤー（『１９８９』）を受賞。アルバム・オブ・ザ・イヤーを２度受賞した初の女性アーティストとなる。

歴代で最も年収が高い女性ポップスターとして、ギネス世界記録に認定される。

テイラーが、この年に最も稼いだ有名人であることを『フォーブス』誌が発表。

2017

スポティファイに楽曲のカタログを復活させる。

テイラーとミューラーが民事裁判所に姿を現す。彼女のチームは4日間にも及ぶ供述を行い、裁判員たちはテイラーの主張を認め、彼女のチームがミューラーの解雇を求めたことに違法性はないとした。テイラーは１ドルの賠償金を勝ち取ったが、未だ支払いは確認できていないそうだ（２０１９年9月現在）。

性暴力の被害者を支援する団体、ジョイフル・ハート基金へ寄付を行う。

テイラーは自身のソーシャル・メディア上の投稿をすべて削除する。アカウントから全投稿が消えて真っ白になったのち、新アルバム『レピュテーション』のテーマとイメージであるヘビの映像を投稿する。

『レピュテーション』がリリースされる。恋人であるジョー・アルウィンから刺激を受けて書いたであろう美しいラヴ・ソングばかりではなく、裏切りやヘビのような性格といったテイラーの新たな一面に偏ったアルバムとなっている。同アルバムはビルボード２００チャートで首位を獲得し、リリース後１週間で１２０万枚以上もの売り上げを記録している。

#MeToo運動における〝サイレンス・ブレイカーズ（沈黙を破った人たち）〟の1人として、『タイム』誌のパーソン・オブ・ザ・イヤーに選ばれる。

2018

銃規制を訴えるマーチ・フォー・アワー・ライブズ（命のための行進）に寄付を行ったことを発表。

レピュテーション・ツアーがアリゾナ州グレンデールでスタートする。同ツアーの売上高は女性アーティストの売上記録を塗り替え、北米最高の興行収入となる。

はじめて自身の政治観を明確にし、出馬している候補者たちを支持することを公にする。

ユニバーサルミュージックと長期契約を結ぶ。契約には、すべてのレコーディングでテイラーが思いのままに曲づくりをできることも含まれている。

2019

テネシー州を拠点に活動するLGBTQ支援団体テネシー・イクオリティ・プログラムに11万3，000ドル（約1，460万円）を寄付する。

『タイム』誌が選ぶ「世界で最も影響力のある100人」に選ばれる。

ソーシャル・メディアでの宣伝が数週間つづいたのち、シングル曲『ミー！』をリリースする。

LGBTQの権利を保護し、性別や性的指向、そして性自認が原因で起きる差別禁止を訴えるために、テイラーはラマー・アレクサンダー上院議員に手紙を書く。

7枚目のアルバム『ラヴァー』をリリース。

若い女性たちに伝えたいこと

グラミー賞でアルバム・オブ・ザ・イヤーを2度受賞した初の女性として、若い女性たちに伝えたいことがあります。これから歩んでいく先で、あなたの成功を台無しにしようとする人や、あなたの功績や名声を横取りしようとする人たちが現れるでしょう。でも、そんな人たちなんか相手にしないで、ただひたすら自分のすべきことに集中してください。

As the first woman to win Album of the Year at the Grammys twice, I want to say to all the young women out there, there are going to be people along the way who will try to undercut your success or take credit for your accomplishments or your fame.

そうすれば、いつかあなたの目指す場所で周囲を見渡したとき、ここまで来られたのは自分自身の力と、あなたを愛してくれる人たちのおかげだってことに気づくはずだから。
世界中のどこを探しても、あんなにステキな喜びは見つかりません。

――第58回グラミー賞授賞式にて　２０１６年２月15日

But if you just focus on the work, and you don't let those people sidetrack you, someday when you get where you're going, you'll look around and you will know that it was you and the people who love you who put you there. And that will be the greatest feeling in the world.

ただ、そこに存在しているもの

真実の愛は、あなたの心を乱したりはしない。ただ、そこに存在しているだけ。じっと耐えているの。消えてしまうこともない。1枚ずつページをめくるように、ゆっくりと時間をかけて得られるのが、真実の愛。

――『ヴォーグ』誌　2016年4月14日

Real love doesn't mess with your head. Real love just is. Real love just endures. Real love maintains. Real love takes it page by page.

評判が地に落ちたとき、自分が生きていることを心から実感した。

――レピュテーション付録雑誌『なぜ彼女は姿を消したのか』
２０１７年11月10日

In the death of her reputation / She felt truly alive.

彼がチャンスを手にしてしまったら

2013年に、ライブ前のミート・アンド・グリートで有名なカントリーラジオ局のDJに会った。写真撮影のためにポーズをとっているとき、その彼がわたしの服に手を入れておしりをつかんだ。身をよじって、横に飛びのいて離れようとしたけど、それでも彼は手を放さなかった。アリーナツアーの真っ最中で、たくさんの人が現場を見ていた上に、証拠となる写真だって撮られてる。目撃者も多数いる危険な現場でわたしを暴行するほど大胆不敵な男だった。もしも彼がチャンスを手にしてしまったら、非力な若いアーティストに何をすると思う？

――『タイム』誌　2017年12月6日

In 2013, I met a DJ from a prominent country radio station in one of my pre-show meet and greets. When we were posing for the photo, he stuck his hand up my dress and grabbed onto my ass cheek. I squirmed and lurched sideways to get away from him, but he wouldn't let go. At the time, I was headlining a major arena tour and there were a number of people in the room that saw this plus a photo of it happening. I figured that if he would be brazen enough to assault me under these risky circumstances and high stakes, imagine what he might do to a vulnerable, young artist if given the chance.

裁判

証言をする1週間前から裁判所に通いつめていた。わたしのチームや母親が、相手の弁護人から取るに足らないような細かな事柄について、いじめさながらに何度も問い詰められているのを見ていなくてはならなかった。弁護人は彼らを、そしてわたしのことを、ウソつきだと非難した。とにかく腹が立った。その瞬間に、上品な言葉遣いなんか無視して実際に起こったことをそのまま話してやろうって決めた。結果、コロラド州連邦裁判所の歴史において「おしり」という言葉が最も使われた日になったらしい。

——『タイム』誌　2017年12月6日

When I testified, I had already been in court all week and had to watch this man's attorney bully, badger and harass my team including my mother over inane details and ridiculous minutiae, accusing them, and me, of lying. . . . I was angry. In that moment, I decided to forego any courtroom formalities and just answer the questions the way it happened. . . . I'm told it was the most amount of times the word "ass" has ever been said in Colorado Federal Court.

賠償金の支払い拒否から見えること

陪審員たちがわたしの勝訴を決定すると、裁判所は性的暴行を働いた男性に対して、1ドルの支払いを命じた。この事件を象徴する金額よ。[26] でも未だに、彼はその1ドルを支払っていない。支払いを拒否するという行動こそが、女性軽視という問題点を象徴しているように思える。

――『タイム』誌　2017年12月6日

26）相手男性を訴えた際、男性はテイラーに対して名誉棄損とし300万ドル（およそ3億3,000万円）の支払いを要求した。これに対しテイラーは、確実に暴行を受けたとして反訴するも要求したのはたったの1ドルだった。その理由について「目的は賠償金ではなく、女性も声をあげられるんだと示したいだけだから」と説明している。

When the jury found in my favor, the man who sexually assaulted me was court-ordered to give me a symbolic $1. To this day he has not paid me that dollar, and I think that act of defiance is symbolic in itself.

セクシャル・ハラスメントや性的暴行の被害者になると、ものすごい勢いで責められることになる。わたしが伝えたいのは、決して自分を責めないで、そして他人から投げかけられる非難の言葉になんて耳を貸さないでってこと。セクハラや性的暴行の被害にあってから15分後だろうが、15日、15年かかって被害届を出したって何も悪くない。セクハラや性的暴行の加害者がどんな結末を迎えようと、責任を感じる必要なんてどこにもない。

――『タイム』誌　２０１７年12月６日

There is a great deal of blame placed on the victims in cases of sexual harassment and assault. . . . My advice is that you not blame yourself and do not accept the blame others will try to place on you. You should not be blamed for waiting 15 minutes or 15 days or 15 years to report sexual assault or harassment, or for the outcome of what happens to a person after he or she makes the choice to sexually harass or assault you.

涙は必ず乾くから

心無い言葉で傷つけられても、
あなたの涙は必ず乾くから。

――『ヴォーグ』誌　イギリス版　2017年12月6日

Their words will cut / but your tears will dry.

苦境

2年前に、ソーシャル・メディアでだれかさんにヘビと呼ばれて、それが一気に広まった。いろんな人が、ソーシャル・メディア上でわたしのことを好き勝手に呼びはじめた。そのせいで、しばらくはどん底の気分を味わった。もうこれ以上は歌いつづけられないと思った時期もあったくらい。

A couple of years ago, someone called me a snake on social media, and it caught on. And then a lot of people were calling me a lot of things on social media. And I went through some really low times for a while because of it. I went through some times when I didn't know if I was gonna get to do this anymore.

でも、たとえソーシャル・メディア上で悪口を広めて意地悪をする人がいても、それに便乗して多くの人が敵に回ったとしても、決して負けないでって伝えたくて、ヘビのように強くなって戻ってきた。苦境は、かえってあなたを強くしてくれる。

――「レピュテーション・スタジアムツアー」アリゾナ州グレンデールにて　2018年5月8日

And I guess the snakes [onstage], I wanted to send a message to you guys that if someone uses name-calling to bully you on social media, and even if a lot of people jump on board with it, that doesn't have to defeat you. It can strengthen you instead.

評判(レピュテーション)がのしかかるとき

心のつながりを感じられる人と出会えたにも関わらず、関係を深めることにためらいを覚えたときに、はじめて評判(レピュテーション)が現実のものとしてのしかかってくる。

――「テイラー・スウィフト・ナウ」シークレット・ショーにて
2018年6月28日

[Your reputation] is only real if it stops you from getting to know someone where you feel like you can connect with them in a really real way.

アイデアが完全な形でポンと浮かんでくる瞬間は、神秘的で、魔法のようでもあって、とても言葉では表現できない。この仕事をしていて、最も澄みきった気持ちになる瞬間。ほかのすべてのことは複雑でグチャグチャだったりするけど、曲づくりは単純明快なままなの。自分の部屋で曲をつくっていた、12歳のころのままよ。

——『ハーパーズ・バザー』誌　２０１８年７月10日

There are mystical, magical moments, inexplicable moments when an idea that is fully formed just pops into your head. And that's the purest part of my job. It can get complicated on every other level, but the songwriting is still the same uncomplicated process it was when I was 12 years old writing songs in my room.

1人でつくった『スピーク・ナウ』

「まだ18歳の子どもじゃないか。どうせ、ほとんど共同製作者が書いた曲なんだろ」なんていう人は腐るほどいた。なんてひどい批判なのって思った。次のアルバムを1人きりでつくりあげる以外に、彼らが間違ってると証明する方法はないんだもの。だから『スピーク・ナウ』はわたしだけでつくってやった。共同製作者は1人もいない。

──「テイラー・スウィフト〜ロード・トゥ・レピュテーション〜」
2018年9月28日

I had a lot of people who would say, "Oh, she's an 18-year-old girl. There's no way that she actually carried her weight in those writing sessions." And that was a really harsh criticism I felt because, you know, there was no way I could prove them wrong other than to write my entire next record solo. So I went in and I made an album called *Speak Now*. There is not one single cowriter on the entire thing.

『レッド』の製作がはじまったとき、わたしはカントリーミュージックをつくってた。そして、いつもとまったく同じようにアイデアが降りてきて、いつもと同じように曲づくりをしていた。だけど数か月が経つと、その曲たちが頭のなかでポップなメロディに変わりはじめた。逆らうこともできなくて、そのまま受け入れることにしたの。

――「テイラー・スウィフト～ロード・トゥ・レピュテーション～」
２０１８年９月28日

Red started out, I was making country music. And I was getting the ideas exactly the same way I always did, and they were coming to me in the same ways. And then, a few months in, they started coming to me as pop melodies, and I could not fight it, and I just embraced it.

1票を投じるのは

昔は公の場で政治的発言をするのに抵抗があったけど、過去2年間で自分の身や世界中で起こった出来事を思うと、同じ気持ちではいられなくなりました。これまでも、そしてこれからも、わたしが1票を投じるのは、国民すべてに与えられるべきである人権を守ってくれる候補者です。わたしはLGBTQのために声をあげて戦うべきだと信じています。

In the past I've been reluctant to publicly voice my political opinions, but due to several events in my life and in the world in the past two years, I feel very differently about that now. I always have and always will cast my vote based on which candidate will protect and fight for the human rights I believe we all deserve in this country.

性的指向や性別で人を差別するなんて、絶対に間違っているから。この国では、肌の色に対する差別も未だに横行しています。とても恐ろしいことで、吐き気がするほど不快なことなのに、当然のことであるかのように広まっているんです。

――インスタグラムへの投稿　２０１８年10月７日

I believe in the fight for LGBTQ rights, and that any form of discrimination based on sexual orientation or gender is WRONG. I believe that the systemic racism we still see in this country towards people of color is terrifying, sickening and prevalent.

『スピーク・ナウ』

『スピーク・ナウ』っていう曲は、友だちの体験談から発想を得たの。彼女は高校生のときに幼なじみの男の子と付き合ってたんだけど、そのあとは別々の道を歩んでいた。きっと2人は、いつの日かヨリを戻すんだろうなってだれもが思うじゃない？ でもある日、彼女が言ったの。「彼、結婚するみたい」って。

[“Speak Now”] was inspired by one of my friends who was telling me about her childhood sweetheart crush guy who, you know, they were kind of together in high school and then they went their separate ways. And it was kind of understood that they were gonna get back together. And then so she one day comes in and tells me, “He’s getting married.”. . .

その話を聞いて、大好きな人が別のだれかと結婚するなんて、とんでもない悲劇だって思った。それからしばらくして、元カレが結婚する夢を見て、すべてがつながったような気持ちになった。それで、結婚式に乗りこんでいく曲をつくろうって思い立ったの。

――『スピーク・ナウ』より『スピーク・ナウ』コメンタリー（ビッグマシン・ラジオ・リリース・スペシャル）　２０１８年12月13日

Later on I just was wrapping my mind around that idea of how tragic it would be if someone you loved was marrying somebody else. And then later I had a dream about one of my ex-boyfriends getting married, and it just all came together that I needed to write this song about interrupting a wedding.

あらゆる感情を曲に

何かを乗り越えようとしてるすべての人たちが共感できるものを、アルバムに詰めこみたいと思ってる。すべてを満たすのは大変だけど、あらゆる感情を曲にしようと努力してる。はじめての恋を経験してる人が共感できる曲をつくりたい。寂しくて、別れた恋人に会いたくてたまらないって思ってる女の子が心を寄せられる曲をつくりたい。出会ったばかりの人に夢中になってる男性を勇気づけられる曲をつくりたい。

——『レッド』より『ステイ・ステイ・ステイ』コメンタリー（ビッグマシン・ラジオ・リリース・スペシャル）　２０１８年12月13日

I want there to be something on the album for anyone who's going through anything. And those are tough bases to cover, but I try to be really diverse with the amount of emotions that I'm covering because I want someone who's falling in love for the first time to have a song that they relate to. I want someone who's lonely, who misses her ex-boyfriend, I want her to relate to it. I want the guy that just met someone new and he's absolutely in love, I want him to have a song.

気分なんて毎日変わるものでしょ。2日連続で、まったく同じ性格の人間でいるなんてあり得ない。だってそうでしょ、毎日違う要素がいくつも重なり合って性格とか感情が形成されるんだから。わたしが曲中に描こうとしてるのは、そういった感情が見せる断片的なニュアンスなの。たったそれだけでも、3分半の曲をつくることができる。

――『レッド』より『ビギン・アゲイン』コメンタリー（ビッグマシン・ラジオ・リリース・スペシャル）　2018年12月13日

You feel differently every day. You're never the same exact person two days in a row. I mean, it's like, you've got so many different things that make up someone's personality and that make up a particular emotion. And with my songs I just try to capture a tiny glimpse of one nuance of an emotion, and that can usually be stretched out into three and a half minutes.

人とのつながりを感じられる音楽

ずっと、自分だけの人生を歌ってると思ってた。だからCDをリリースした途端に、知らない女の子の寝室とか、会ったこともない人の車でわたしの曲が流れてるんだと思うと不思議な感覚だった。あることに気づいたの。1人の人間としてだれもが求めてるものって、ほかの人とのつながりなんだって。

I really just thought that I was writing about my life, but what I really didn't understand was that the second I put it out, it was gonna be playing in other girls' bedrooms and playing in the cars of people I had never met before. And when that happens . . . I think you start to realize that as human beings, all we really want is a connection with someone else.

そして、音楽ほど人とのつながりを感じられるものはない。考えてみて、もし身近に話せる人が１人もいなかったら？
そんなときは、音楽を聴けばいい。同じ経験をしてる人が自分以外にもいるんだって知ることができるし、１人じゃないんだってわかるはず。

――『テイラー・スウィフト』より『インヴィジブル』コメンタリー（ビッグマシン・ラジオ・リリース・スペシャル）　２０１８年12月13日

And I think that music is that ultimate connection. You know, what if you've got no connection with anybody else? You can always turn to music and you can know that somebody else has gone through it and that you're not alone.

曲づくりが大好きなのは

曲づくりが大好きなのは、思い出をとっておくことが大好きだから。そのときの気持ちを額に入れて、大切に保管しておくの。

『エル』誌 UK版 2019年2月28日

I love writing songs because I love preserving memories, like putting a picture frame around a feeling you once had.

曲づくりで1番好きなこと

曲づくりで1番好きなこととは、みんなを音楽の世界につれていけること。物語のなかだったり、舞台となる部屋だったり、どしゃぶりの雨のなかでするキスだったり。空気のにおいを感じて、音を聞いて、そして主人公と同じように胸をドキドキおどらせる。これは、F・スコット・フィッツジェラルド[27]が巧みにやっていたことよね。豊かな感情が入り乱れる場面をきらびやかに描いて、まるで自分の人生から抜けだしたかのような錯覚を覚える瞬間があるの。

――『エル』誌　UK版　2019年2月28日

27）アメリカの作家。『華麗なるギャツビー』などの作品で知られる。

The writing I love the most places you into that story, that room, that rain soaked kiss. You can smell the air, hear the sounds, and feel your heart race as the character's does. It's something F. Scott Fitzgerald did so well, to describe a scene so gorgeously interwoven with rich emotional revelations, that you yourself have escaped from your own life for a moment.

心の壁にあいた小さなのぞき穴

近ごろでは、人とのつながりや安心感を音楽に求める人が多いように思える。だれかの「こんな大変な経験をしてきた」という言葉を聞きたがってる。そうすることで、自分も苦難を乗りこえられるんだって確信を得られるから。わたしたちミュージシャンは、自分たちの音楽を安売りする気なんて更々ない。多くの音楽ファンは、まるで伝記を読むみたいに、わたしたちがどんなふうに生きてるかを知りたがってるんじゃないかな。音楽は、自分を守るためにつくりあげた心の壁にあいた、小さなのぞき穴みたいなものなの。

――『エル』誌 UK版 2019年2月28日

I think these days, people are reaching out for connection and comfort in the music they listen to. We like being confided in and hearing someone say, "this is what I went through" as proof to us that we can get through our own struggles. We actually do NOT want our pop music to be generic. I think a lot of music lovers want some biographical glimpse into the world of our narrator, a hole in the emotional walls people put up around themselves to survive.

思い違い

芸術と苦悩は切っても切り離せない関係だから、アーティストが質のいい芸術を生みだすためには不幸のどん底に落ちてなくちゃいけないと思い違いをしてる人って、かなり多いと思う。そんなのウソだって身をもって気づくことができたわたしは、本当に恵まれてる。幸福感と曲づくりのひらめきを同時に得るのは、本当に最高の気分。

――『エル』誌　２０１９年３月６日

There's a common misconception that artists have to be miserable in order to make good art, that art and suffering go hand in hand. I'm really grateful to have learned this isn't true. Finding happiness and inspiration at the same time has been really cool.

わたしの責任

わたしが指導者に求めてるのは、差別や不安の原因となるような発言なんかじゃない。口先だけの最低な公約に立ち向かうために、自分の影響力を利用するのがわたしの責任だと気づいた。できることから、どんどん行動していくつもり。来年には、大きな選挙[28]が控えているから。

——『エル』誌 2019年3月6日

28）大統領、副大統領を決める選挙のこと。

Invoking racism and provoking fear through thinly veiled messaging is not what I want from our leaders, and I realized that it actually is my responsibility to use my influence against that disgusting rhetoric. I'm going to do more to help. We have a big race coming up next year.

自分の体についた脂肪を1グラム単位で憎んでた時期もあったけど、もう気にするのはやめた。体重が少し増えることで美しい曲線ができるし、髪はツヤツヤになって、体も強くなるって思えるようになるまで、ものすごく大変だった。わたしも含めて、多くの人が限界を優に超えたダイエットをしてると思う。やりすぎると、本当に危険なのよ。いきなり考えを変えることはできない。わたしも毎日、自分の体を受け入れようと努力してる。

——『エル』誌　２０１９年３月６日

I learned to stop hating every ounce of fat on my body. I worked hard to retrain my brain that a little extra weight means curves, shinier hair, and more energy. I think a lot of us push the boundaries of dieting, but taking it too far can be really dangerous. There is no quick fix. I work on accepting my body every day.

ネット上のコメント

自己肯定感を守るためにも、ネット上に散らばってる褒め言葉を集めようとしすぎないこと。3つ下のコメントに、トラックにはねられて酔っ払いのはく製職人に継ぎはぎされたイタチみたいだって書かれてたら、読みたくなくても自然と目に入っちゃう。これ、わたしが実際にもらったコメントだからね。

——『エル』誌　2019年3月6日

I think it's healthy for your self-esteem to need less internet praise to appease it, especially when three comments down you could unwittingly see someone telling you that you look like a weasel that got hit by a truck and stitched back together by a drunk taxidermist. An actual comment I received once.

あなたが経験したこともないような悲劇が身近な人に降りかかったとしたら、何て言えばいいのかわからないって正直に伝えれば大丈夫。同じように悲しんでることを伝えるだけで、相手の気持ちが晴れることもある。明確なアドバイスができなくたって大丈夫。すべてのことに答えがあるわけじゃないんだから。
でも、人生のどん底にいる人を見捨てるのは全然大丈夫じゃないからね。

――『エル』誌　２０１９年３月６日

When tragedy strikes someone you know in a way you've never dealt with before, it's okay to say that you don't know what to say. Sometimes just saying you're so sorry is all someone wants to hear. It's okay to not have any helpful advice to give them; you don't have all the answers. However, it's not okay to disappear from their life in their darkest hour.

謝る

謝ったからって何かを失うわけじゃないんだから、大切な人を傷つけてしまったときは素直に謝罪すればいいの。わざと傷つけたわけじゃなくても、謝って終わりにしちゃうほうが簡単でしょ。「ごめん、でも……」なんて言い訳をしないように気をつけて。どんなふうに謝れば相手に誠意が伝わるのかを知っておけば、友だちや恋人の信用を失わずに済むから。

――『エル』誌　2019年3月6日

Apologizing when you have hurt someone who really matters to you takes nothing away from you. Even if it was unintentional, it's so easy to just apologize and move on. Try not to say "I'm sorry, but . . ." and make excuses for yourself. Learn how to make a sincere apology, and you can avoid breaking down the trust in your friendships and relationships.

しかるべきときには反撃を

どんな相手にも愛想よく振る舞っていたら、あらゆるトラブルに巻きこまれかねない。礼儀正しい子でいなさいと育てられたのかもしれないけど、その性格を利用されたら、人生最大の後悔を残すことになる可能性だってあるんだから。強い意志を持って、自分の直感を信じて、しかるべきときには反撃して。ヘビのようになるのよ。だれかが領域に侵入してきたときだけ、牙をむくの。

——『エル』誌 2019年3月6日

Being sweet to everyone all the time can get you into a lot of trouble. While it may be born from having been raised to be a polite young lady, this can contribute to some of your life's worst regrets if someone takes advantage of this trait in you. Grow a backbone, trust your gut, and know when to strike back. Be like a snake—only bite if someone steps on you.

問題の化身となる前に

独りぼっちでお昼を食べていたこと、トイレの個室に隠れていたこと、新しい友だちをつくろうとして笑われたことの記憶が、今でも頻繁にフラッシュバックする。20代になってからは、わたしと友だちになりたいと思ってくれる女の子たちに囲まれて過ごせるようになった。あんまりうれしくて、大々的に言いふらしたり写真を投稿しまくったりして、仲よしグループの仲間

I still have recurring flashbacks of sitting at lunch tables alone or hiding in a bathroom stall, or trying to make a new friend and being laughed at. In my twenties I found myself surrounded by girls who wanted to be my friend. So I shouted it from the rooftops, posted pictures, and celebrated my newfound acceptance into a sisterhood, without realizing that other people might still feel the way I did when I felt so alone.

に受け入れてもらえたことに浮かれていたの。かつてのわたしと同じように、孤独に苦しんでいる人がいるかもしれないということに、気づきもしなかった。ずっと昔から抱えている問題をほったらかしにしておくと、いつしか自分自身が問題の化身になってしまう。そうなる前に、正面から向き合うことが大切なの。

——『エル』誌 ２０１９年３月６日

It's important to address our long-standing issues before we turn into the living embodiment of them.

本当に重大な問題以外は

わたしの両親は２人とも癌を経験してる。そして今、ママは再び癌と闘ってる。この経験で、本当に重大な問題以外は何もかも二の次なんだって学んだ。ママが癌だということに比べたら、ほかの悩みなんて小さなものなのよ。体調がいい日もあれば悪い日もあるから、不安でたまらなかった。心配も、ストレスも、祈りも、今は重大な問題だけに注ぎたい。

『エル』誌　２０１９年３月６日

Both of my parents have had cancer, and my mom is now fighting her battle with it again. It's taught me that there are real problems and then there's everything else. My mom's cancer is a real problem. I used to be so anxious about daily ups and downs. I give all of my worry, stress, and prayers to real problems now.

ベンジャミン・バトンは、『ミー！』のミュージックビデオに出演した子猫よ。飼い主がいなかったから、引き取り先を探す宣伝のために芸能活動をさせてたらしいの。見事にやられたわ。わたしったら、すっかり恋に落ちちゃった。小さな子猫はわたしのうでのなかで喉をゴロゴロ鳴らしながら見つめてきたの。「ぼくのママになってくれる？　一緒にいてほしいな」って言っているみたいだった。

――インスタグラム・ライブ　2019年4月26日

This kitten [Benjamin Button] was brought in [for the "ME!" music video] . . . because he didn't have a home, and they did a program where they try to get kittens adopted by putting them in, like, commercials and stuff. And oh my God, it worked. I fell in love. The woman who was handling him . . . hands me this tiny cat, and he just starts purring, and he looks at me like, "You're my mom, and we're gonna live together."

アーティストの責任

レコードプレーヤーの周りに集まって、みんなで音楽を聴いていたことを思いだしてみて。当時は、音楽を聴くことも人と交流する機会の１つだったでしょ。今の時代にアーティストとして活動している以上、音楽を社交的なイベントに引き戻そうと努力することはわたしたちの責任だと思う。ただ聴いて楽しむだけじゃなくて、思い出を呼びおこしてくれるものだったり、友だちと語り合うきっかけだったりした音楽の役割を、今なら本当にたくさんの方法で取り戻せる。すごくワクワクすることだと思うんだけどな。

――「ザ・カイル・アンド・ジャッキー・オー・ショー」
２０１９年４月29日

If you look at . . . how people used to gather around a record player to listen to music, it was such a social event. And now these days we have, I think, a responsibility to try and turn music back into a social event. . . . I think it's really kind of exciting that we have so many outlets now to make a song back into something that people not only listen to, but kind of assign to their memories and talk about with their friends.

イースターエッグを隠すように、ミュージックビデオに次のリリース作品のヒントをちりばめているんだけど、ファンのみんなが面白いと感じなくなったらやめるでしょうね。

ただのオーディオとしてではなくて、音楽ができることをもっと広げていきたいと考えてる。たとえば、音楽で何かを象徴したり、宝探しのような気分を味わえたり、頭を使うゲームのようだったり。そういった、更なる可能性を感じられる音楽がつくれるとしたら……それがわたしの目指すべきゴールなの。あらゆる手段を考えて、限界までファンを楽しませたい。

——「ビーツ1」 2019年5月1日

The Easter egg hunts, when they stop being fun for my fans I'll stop doing them, but they seem to be having fun with them. And I think that with music, I'm always trying to expand the experience from just being an audio one. Like, if I can turn it into something that feels symbolic or seems like a scavenger hunt or seems like some kind of brain game that feels like it's more, then I think that's something to keep in mind as a goal for me. Like, I just want to entertain them on as many levels as I possibly can.

ファンがいてくれるから

これまでやってきたことは、すべてファンのため。話題になりたいとか、あちこちで表紙を飾りたいとか、そんなふうに思ったことはない。ただ、今までに考えたこともないような方法でファンとの距離を縮めたいって思っただけ。『レピュテーション』の航海を共にすることで、ファンとの絆は強くなった。

Everything I did was for [my fans], and I didn't need to try and get every headline or try to get the cover of this or the cover of that. Like, I just needed to think of ways to reach out to them in ways I hadn't even thought of before. So the relationship between me and my fans really actually strengthened throughout the course of *Reputation*, and that was what made it something that I think I'll look back on and find to be one of the

おかげで、いつか過去をふりかえったときに、人生のなかでも特に美しい時期だったと思える経験になった。重要なのは、わたしがいて、ファンのみんながいてくれることだって気づいた。みんながいてくれるからこそ、この仕事を楽しめるの。

──「ビーツ1」2019年5月1日

most beautiful times of my life, was when I realized that, like, it's me and it's them, and that's what makes this fun for me.

法の下で平等に暮らす権利

この国の制度では市民の安全さえ十分に保障されていません。雇い主や大家が、同性愛者ないしトランスジェンダーに対して異常な嫌悪感を抱く人だった場合、LGBTQの人たちは人生が一気にひっくり返ってしまう恐怖と隣り合わせの生活を余儀なくされているのが現状です。周囲の人から向けられる嫌悪や偏見に苦しみながら生きている人たちが実際にいるのに、法の裁きが下らないなんて最低で受け入れ難いことです。すべての国民が法の下で平等に暮らす権利を要求することで、わたしたちの誇り《プライド》を示しましょう。

——平等法支持のための請願書 本文より 2019年5月31日

Our country's lack of protection for its own citizens ensures that LGBTQ people must live in fear that their lives could be turned upside down by an employer or landlord who is homophobic or transphobic. The fact that, legally, some people are completely at the mercy of the hatred and bigotry of others is disgusting and unacceptable. Let's show our pride by demanding that, on a national level, our laws truly treat all of our citizens equally.

まだまだある、
あの日あのときの
テイラー・スウィフトの言葉たち。

セレクション

1 **曲の主人公**

ナッシュビルの外れにあるヘンダーソンヴィルっていう町に住んでるんだけど、そこで暮らす多くの人たちが、わたしが書いた曲に自分が主人公となってるものがあると信じてるの。広い世界へ羽ばたいて、いろんな人とツアーをしても、小さな町へ帰れば今でも「自分の曲」を話題にしてる。みんな、その話をするのが大好きなんだと思う。わたしがつくる曲の主人公がだれなのかってね。

――――『エンターテインメント・ウィークリー』誌　2007年7月25日

2 **18歳になったら**

18歳になったら思いきった行動をしちゃうかも。たとえば、選挙の投票とか。

――――『エンターテインメント・ウィークリー』誌　2007年7月25日

3 **人からどう思われようと**

人からどう思われようと構わない。忘れられてしまうよりもマシだから。

――――『カントリー・ウィークリー』誌　2007年12月3日

4 **未来から現代を見て**

今からずっと先の、何年も先の未来では、わたしたちの子どもや孫の世代が現代をふりかえって、こんなふうに言うはず。「公職についている女性たちの見事な仕事ぶりを見てごらんよ。女性の大統領がいない時代があったなんて信じられないや」

——「ライフタイム」　2008年5月30日

5 「フィアレス」という言葉

わたしの行動は間違いじゃなかったって信じたくて、曲に込めているすべての思いに「フィアレス」という言葉をあてはめてみた。心に傷を負ったり、運命の人だと思っていた相手との別れに向き合ったり、結局は同じことを繰り返すだけのくせに何度も何度も謝ってくる人がいたり、いつか何かが変わるはずだって信じていたり……こういった感情も、ある意味では「フィアレス」の一面を持っているんじゃないかって思ったの。

——「ザ・ブート」　2008年12月19日

6 自己防衛

セックスをする、しない、そのどちらを話題にしても、だれかに自分の裸を連想させることになる。可能なかぎり、わたしはそれを避けるつもり。これも大切な自己防衛だから。

——『ローリング・ストーン』誌　2009年3月5日

7 ナッシュビル

フェイス・ヒルの特集番組みたいなのを、10歳のころにテレビで見たんです。それで、その番組で「フェイス・ヒルは、19歳かそこらでナッシュビルへと移り住んでカントリーミュージック界に足を踏み入れた」って聞いたから、つまり、わたしがひらめいちゃったのも10歳のころですね。どうしてもナッシュビルに住まなきゃって思ったんです。夢が叶う魔法の場所だって思って。その日から毎日、両親にしつこく頼むようになりました。「ナッシュビルに行かなくちゃ。ねえ、本当にお願い、どうしてもナッシュビルじゃなきゃダメなの。引っ越さなくちゃ！」ってね。

――「ポール・オグレイディ・ショー」 2009年5月8日

8 『ユー・ビロング・ウィズ・ミー』

『ユー・ビロング・ウィズ・ミー』にでてくる男性は、実はわたしの友だちなんです。彼が彼女と電話しているところを通りかかったんですけど、電話越しに聞こえるほどの勢いで彼女が叫んでた。彼に対して怒鳴っていたんですけど、それって最悪じゃないですか。だから、なんだか彼が可哀想になっちゃって。だって、10分後に電話をかけ直すと言っていたところを5分遅れたからってだけの理由で怒鳴られていたんですよ。わたしはそのまま通り過ぎて「あなたは彼女と電話中　彼女はずいぶん機嫌が悪いみたい」って口ずさんだんです。

――「ザ・ホット・デスク」 2009年5月

9 収録曲のバランス

ハッピーな曲、別れの曲、感傷的な曲、だれかを恋しく思う曲、怒りの曲……収録曲のバランスって、とても大事。同じ感情ばかり、しつこく繰り返したくない。たとえば怒りの曲ばかりのアルバムをつくったとしたら、結果的に多くのファンを失うことになると思うから。

――『エル』誌　2009年6月15日

10｜ギターを抱えて、こう言うだけ

オーディション番組で、会う人全員に「わたしはダレソレ。いつか、必ず有名になってやるんだから」なんて言いふらしていた女の子たちを今でも覚えてる。わたしは、そんなこと絶対にしなかった。ただギターを抱えて、こう言うだけ。「クラスメイトの男の子について書いた曲を歌います」今でも、まったく同じことをしてるんだけどね。

――『グラマー』誌　2009年7月1日

11｜拒食になる理由

多くの有名人が自信をなくして一切の食事を拒否するようになる理由は、毎日のように自分の写真を目にするせいよ。自分の写真が数えきれないくらい世間にあふれている状況って普通じゃないでしょ。ずっと自分の姿を見つづけることになる。あまりにも自分の写真を見る機会が多すぎて、やがて嫌悪感を抱いてしまう。ちっとも美しくなんかない、そう思ってしまう。

――『グラマー』誌　2009年7月1日

12 『マイン』

すぐに恋愛から逃げたくなってしまう自分を歌ったのが『マイン』。こんなふうに思うようになったのは最近のことなんだけど、思い浮かぶ原因と言えば、わたしが今までに経験してきた恋愛って、必ず別れが伴っていたからだと思う。『マイン』は、悲しい結末を迎えずに済む相手を探す歌。愛を信じさせてくれて、別れる心配なんてしなくていいって思わせてくれる人を探してるの。

――― ファンとのライブチャットにて　2010年7月20日

13 人のことを知る上で大切な点

だれかのことを知りたいと思ったときに重要なのは、尊敬できる情熱を持っているかどうか。たとえば仕事熱心とかね。自分の好きなことをやってる人は、とても魅力的だと思う。高校生のころは、趣味のいい車に乗ってる男の子を見たら「ちょ――― カッコいい！」とか思ってたけどね。今は、そんなのどうだっていい。大切なのは、人柄、誠実さ、信用だもの。

――― 『グラマー』誌　2010年10月5日

14 パーティみたいな

『ウィー・アー・ネヴァー・エヴァー・ゲッティング・バック・トゥゲザー』を聴くと、恋人との別れもパーティみたいに思えるでしょ。恋愛関係が終わるときに感じることは毎回それぞれ違うけど、「よし！　お祝いしなくっちゃ！

やっと別れられた！」って思うことだってあるじゃない。

――「エクストラ」 2012年10月23日

15｜成長するチャンス

普通のショートパンツをはいていただけなのに、ある日突然それが流行の最先端になっちゃうんだから本当に面白い。いいほうに考えれば、それも成長するチャンスの１つだってこと。思いっきり過激なことをしなくても、世間の人を驚かすことはできる。

――『ローリング・ストーン』誌 2012年10月25日

16｜幸運なこと

自分が進むべき道は自分で決めているし、アルバムのカバーや内容、どんな曲を収録するかも主導権はわたしにある。それって、すごいことよね。キャリアを形成するすべての決定権がわたしに委ねられていることは、本当に幸運だと思う。

――「ミックス93.3」 2012年10月26日

17｜曲づくりに影響を与えるもの

わたしの曲づくりに影響を与えるのは失恋じゃない。恋愛でもない。人生で出会う人たちそれぞれが、わたしにひらめきをくれるんです。才能豊かな人たちと出会って、素晴らしい経験をした。それでも、じゃあこの人について曲をつくれるかっていうと、そうじゃない。逆に、知り合って2週間しか経っていなくても、アルバムがつくれちゃうような出会いだってある。

――――「オール・シングズ・コンシダード」 2012年11月2日

18 曲中に描こうとしていたシーン

12歳で曲づくりをはじめた当時は、彼氏なんていたこともなかった！　映画で見たステキなシーンを想像して曲を書いた。雨のなかで立ちつくす2人……彼がずっと思いを寄せていたなんて、彼女は思いもしない。別の子が好きなんだろうって思っていたけど、実は両思いで……。わたしが曲中に描こうとしていた瞬間は、映画で見たそんなシーンよ。ドラマティックで、心が震えるでしょ。

――――「VH1ストーリーテラー」 2012年11月11日

19 限界まで

どこまで許されるのか、限界までやってみたい。音楽の世界に制限があるとは思いたくない。新しい楽器を使わない？　新しい色の絵の具を使わない？　それはあなたが変化を起こすことを拒んだ証拠。

――――「VH1ストーリーテラー」 2012年11月11日

20 ファンが望むかぎり

わたしだって、だれかのファンなのよ。アリーナの最後列に座って、大好きなアーティストが、聴きたい曲とは別の曲を歌っているのを見つめていた経験だって何度もある。ファンのみんなには、心から敬意を払うべきだと思う。だって、たとえば５年も前にだした曲に抱いていた思い入れを、ずっと大切にしてくれているんだからね。もしも曲に飽きがきて、もう歌いたくないって思ったとしても、ファンが望むかぎりは歌いつづける。

――「VH1ストーリーテラー」 2012年11月11日

21 生きづらい世の中を

生きづらい世の中だと感じているなら、それを変えられるのはあなただけ。正しい行いをして、意思を強く持って、友だちをつくって、出会う人に自分から挨拶をして、にっこりと笑えばいい。「つくり笑いを浮かべて、適当にごまかしておけばいい」って言ってるわけじゃない。胸を張って生きていくためには、自信満々ですって演技をするのも１つの手だと思う。そうすれば、いつしか本当に自信が身につくはずだから。

――「ケッズ・パートナーシップ・ビデオ」 2013年5月15日

22 正直に言ってくれる人

「これ、来週のライブで着る衣装なんだけど、どう思う？」って聞くと、エド・シーラン[29]は「ブラックジャックのディーラーみたい」って答えてくれる。衣装がダサいって正直に言ってくれる人なら、イマイチな曲をつくったときも隠さずに言ってくれるはずでしょ。わたしが本当にアイデアのぶつけ合いをしたいのは、そういう人たちなの。

——————2013年マッチ・ミュージック・ビデオ賞の舞台裏にて
2013年6月16日

29）イギリスのシンガーソングライター。

23 曲づくりに対する自負

私生活に関しては、他人から何を言われたって構わない。本当のことは、自分が知っていればいい。テレビ番組と猫と女友だちとばかり過ごしてるってね。だけど、わたしの曲づくりにまでケチをつけてくるのは許せない。人に笑われるような仕事はしていない。

——————『ガーディアン』紙　2014年8月23日

24 お菓子づくり

お菓子をつくってると気持ちが落ち着く。材料を計り分けたりしてレシピに没頭しているときは、ストレスになるようなことは一切考えずにいられるから。

——————「キス　FM　UK」 2014年10月9日

25 身の安全を守る

普通の暮らしを大切にしたいと心から思ってるから、身の安全を守ることに関しては何年も前から慎重になってる。自分で車を運転して出かけたい。最後に運転したのは6年も前よ。自宅やママの家に押しかけてきたり、殺すとか誘拐するとか結婚しろとか脅してきたりして起訴された男性は数えきれないくらいいる。あまりにも異様で悲しくなるから、考えないようにしてるの。怯えながら暮らすのはイヤだから。なるべく思い悩まないようにしてる。警備を厳重にしておけば、安心できる。

――『エスクァイア』誌　2014年10月20日

26｜自分の人生なんだから

わたしにとってアルバムは、意思の主張みたいなもの。視覚、音質、感情、すべてに独自の特徴を持たせたい。『１９８９』では、とにかく自分がやりたいことをやった。ポップアルバムをつくりたかったから、つくった。正直な気持ちをさらけだしたかったし、弁解なんてしたくなかったから、素直になった。恋愛とか仕事のためでもなく、理由はないけどニューヨークに引っ越したい気分だったから、引っ越した。髪をショートにしたかったから、切った。自分の人生なんだから好きなように生きたい、という心に従っただけなの。

――『ビルボード』誌　2014年10月24日

27｜『ラヴ・ストーリー』と『ティム・マグロウ』

17歳のときにつくった『ラヴ・ストーリー』という曲があるんだけど、ライブがあるかぎり、この曲を歌いつづけるつもり。歌うたびに当時の気持ちがよみがえるし、今でも同じように感じることができるの。「この曲を流してバージンロードを歩きました」と言ってくれたファンの言葉や、はじめて世界で1位を記録したときの特別な気持ちを思いだせるから。逆に、あまり感情移入できなくなってしまったのが『ティム・マグロウ』ね。懐かしい気持ちにはなるけど、初恋を歌った曲だし。あのころとは、もう何もかもが変わってしまった。それに、もっと内面から成長しなくちゃって思ってるときに、15歳が歌う恋愛に共感してる場合でもないでしょ。

——「オール・シングズ・コンシダード」 2014年10月31日

28 | フェミニズム

インタビューを受けるたびにフェミニズムの話をしてきた。というのも、12歳の少女がフェミニズムという思想を理解して、自らをフェミニストと称することの意味、そして現代の社会、職場、メディア、さらには認識のなかで女性として生きていくのがどんなものなのかを知ることが大切だと思っているから。男性に何を許して、何を許さないのか。自分の意見をどうやって培っていくのか。わたしにできる最善のことは、自分自身について考えるきっかけになる曲や、物事に対する感情を分析して気持ちを整理する術になるような曲をつくりつづけることだと思う。

——「オール・シングズ・コンシダード」 2014年10月31日

29 | 女性の社会的立場

雑誌をめくれば「ジェニファー・ロペスとビヨンセ、よりホットなママはどっち？」なんて書かれてる。でも「マット・デイモンとベン・アフレック、よりホットなパパは？」なんて記事はない。そんな記事は絶対に書かれない。女性は常にだれかと比べられて勝ち負けを競うのが当然だという認識を改めないかぎり、自らの手で社会的な立場をどんどん弱くしていくだけなのに。

――――「オール・シングズ・コンシダード」　2014年10月31日

30 ｜ シンガーとパフォーマー

シンガーとパフォーマーには、はっきりとした違いがある。シンガーは自分自身のために歌い、パフォーマーは他者のためにパフォーマンスをする。

――――「ザ・ヴォイス」　2014年11月3日

31 ｜ ファンとの間柄

結婚とか人間関係について、いろんな話を聞く。人間関係は一筋縄じゃいかないし、お互いに新鮮な気持ちを保ちつづけなくちゃいけないって言われる。わたしがこれまでに築いてきた人間関係のなかで最も深い間柄だと言えるのは、ファンのみんなだと思う。一筋縄じゃいかないし、みんなを喜ばせたり驚かせたりする方法を常に考えているんだから。過去作のアルバムを１つ気に入ってくれたから、新アルバムも同じようにつくれば気に入ってもらえるでしょ、なんて考えは通用しない。去年は優しく受け入れてくれたけど、今年も同じだとは限らない。

深い人間関係というものは、じっくり丁寧に育んでいく必要があると思う。

——Yahoo!　2014年11月6日

32 | 作品に対する価値

ビーツ・ミュージック、それからラプソディーという音楽配信サイトでは、有料会員にならないとアルバムは聴けない。作品に対する価値を認めてくれているんだと感じられるわ。スポティファイでは、何を設定するでもなく、何を求められるでもなく、だれでも音楽を聴けてしまう。ミュージシャンがつくりだす音楽には値打ちがあるんだということを、世間の人たちは認識すべきよ。わたしが言いたいのはそれだけ。

——『タイム』誌　2014年11月13日

33 | 女性ソングライター

友人であるエド・シーランを例に見ても、彼が本当に作詞作曲をしているのかなんて疑う人はいない。最初のうちは、わたしも彼も同じ立場なんだって信じようとした。だけど、いつしか女性ソングライターに向けられる疑いの目だったり、リアルな感情を歌うことに示される嫌悪感だったりが浮き彫りになりはじめた。なぜだか知らないけど、女性ソングライターが感情をさらけだすとムチャクチャな女だとか、感情的すぎるとか言われるんだから。何年もこんな経験をしてきたら、物事の見方だって変わるわよ。

――――『タイム』誌　2014年11月13日

34 ヘミングウェイの格言

アーネスト・ヘミングウェイ[30]の格言を紹介させてね。「信頼できる人間かどうかを見極める１番の方法は、まず信頼してみることだ」これは、わたしの生き方そのもの。だけど同時に、信頼できることを何度も証明してくれた人たちに囲まれて過ごすことも大切だと思う。

――――「サザン・リビング」　2014年11月24日

30）アメリカ出身の作家。

35 子どもを産むかどうか

子どもを産むかどうかは、まだわからない。どんな状況が待ち受けているか、どうしても想像できちゃうもの。あなたの人生はいたって普通よ、なんて必死に言い聞かせようとするでしょうね。まだ赤ちゃんのうちから、見たこともない男の人たちにバカでかいカメラを向けられることになるのは避けられないっていうのに。

――――『インスタイル』誌　2014年11月

36 スポティファイへの対応に関する反響

『１９８９』をスポティファイで配信しないと決めたことが、世間を驚かせるとは思いもしなかった。多くのアーティストが思い思いの方法で音楽を発信しているから、わたしの決断があんなに大きな話題になるなんて想像もしていなかった。たくさんのアーティストや、作詞・作曲家、プロデューサーたちから次々とお礼のメールや電話がくるなんてビックリした。

――『ハリウッド・レポーター』誌　2014年12月17日

37 | ウワサはジョークに

ここ数年、世間からは遊び人だと思われてる。とっかえひっかえ彼氏を変えて、世界中を旅行して、何もかもが順調だったのに、わたしが感情的になって、イカレて、執着しすぎたせいで捨てられたって言われてる。それで、どん底に落ちたわたしが歌をつくるのは、相手を傷つけて復讐するためだって言われる。あの女はマトモじゃないってね。でも考え方によっては、もしわたしが本当にそんな性格だったら、厄介で刺激的なキャラクターだなと思って『ブランク・スペース』を書いたの。ウワサなんて、だれよりも先に自分でジョークに変えてしまえばいい。そうすればだれかがネタにするころには、みんなが聞き飽きてるから。

――「ザ・モーニング・ショー」　2014年12月29日

38 | 猫の名前

飼い猫につけた名前は、大好きなテレビドラマの女性主人公が由来になってる。最初に飼った子の名前は『グレイズ・アナトミー』のメレディス・グレイから名前をもらって、メレディス。2匹目は『LAW & ORDER: 性犯罪特捜班』[31]のオリヴィア・ベンソン刑事から、オリヴィアとつけた。はっきり言っておくね。これ以上、猫を増やす気はない。2匹いるだけで大騒ぎなのに、3匹も飼うなんて無茶すぎる。もし3匹目を飼うなら、っていうか、どうしても飼わなきゃいけなくなって名前をつけることになったら、次はモニカ・ゲラー[32]にするわ。

――『ラッキー』誌の表紙撮影にて　2014年12月

31）1999年にアメリカで放送開始した大ヒットドラマ。
32）1994年から2004年にかけてアメリカで放送された大ヒットドラマ『フレンズ』に登場する女性キャラクター。

39｜戦う前からあきらめない

アルバムを売りあげることが大切だと今でも思うのなら、アーティストであるわたしたちが一段と力を入れて、非の打ち所がないアルバムをつくらなくちゃいけない。わたしにとっては本当に大切なことだけど、多くのアーティストはあきらめてしまった。努力するだけムダだって言う友だちもいるけど、戦う前から勝つことをあきらめてしまうなんてとんだ負け犬根性だって思っちゃう。

――『テレグラフ』紙　2015年5月23日

40｜衝撃と失望

アップル・ミュージックに登録すると最初の3か月は無料で使えるということは、みなさんがご存じでしょう。しかし、その間の楽曲使用料が作詞・作曲家、プロデューサー、さらにはアーティストには支払われていないことは周知されているでしょうか。この事実には大きな衝撃を受けたと同時に、心から失望しました。歴史的な発展を遂げた豊かな企業が下した決断だとは、とても信じられません。

――アップル・ミュージックに宛てた手紙より　2015年6月21日

41｜それぞれの対応

アップル社は、まるでわたしがクリエイター界の代表であるかのように真摯な態度で意見を受け止めてくれた。数十億ドルを稼ぐ企業が批判に対して謙虚な対応を見せたというのに、起業したばかりでキャッシュフローも成り立っていないスポティファイが、さも大企業かのような反応を見せたのは皮肉よね。

――『ヴァニティ・フェア』誌　2015年8月11日

42｜ママ

ママは最後の希望なの。いつも理性的かつ現実的でいられる人だから、わたしの気分を落ち着かせる最後の砦って感じ。バランスが崩れそうになると、いつだってママが引き戻してくれる。

――『ヴァニティ・フェア』誌　2015年8月11日

43｜いいところも悪いところも

いいところばかりを大げさに褒めたててくる誇大広告を

信じすぎてはダメ。悪いところばかりを見つけて攻撃してくる報道を鵜呑みにしてもダメ。その真ん中で、しっかり自分を見つめなくちゃ。

——『ヴァニティ・フェア』誌　2015年8月11日

44 | 家に帰ったら1人で

わたしの周りには、大勢の人がいる。とんでもない人数よ。ツアー中は、ライブ後に必ず150人を選んでミート・アンド・グリートをしているしね。その前は、ラジオ番組のミート・アンド・グリートで40人と会う。ライブのあとなら、さらに30から40人くらい増える。帰宅してテレビをつければ『フレンズ』の連続放送がやっていて、モニカにチャンドラー、ロスとレイチェル、それからフィービーとジョーイに会えるから寂しくなんかない。2時間もステージに立って、6万人を相手に自分の感情をさらけだしていたわけだし。それって、ちょっと社会との関わりが濃厚すぎると思うの。家に帰ってまで、だれかと一緒にいたいなんて思う余裕は残ってない。

——『GQ』誌　2015年10月15日

45 | アルバム制作中の頭のなか

アルバム制作中は、頭の半分は「最高のアルバムができた！」って思ってるけど、残りの半分は重箱の隅をつつくようにあら探しをして「アンチはこの曲をどう思うかな？　いい曲だって思ってくれる？　わたしのことを嫌ってる人でさえ、頭から離れなくなるほどの名曲をつくらなくちゃ」って思ってる。

――――『ヴォーグ誌』オーストラリア版の表紙撮影にて
2015年10月18日

46 ライブ前に

ライブの前はいつも、バンド、ダンサー、コーラス隊と一緒に全員で集まって円陣を組む。こうすることで団結力が生まれるから。そして、そのなかの1人にスピーチをしてもらう。一緒にステージに立つ仲間の話を聞けるのが、すごくうれしい。人生についてだったり、ときには笑っちゃうような話だったり、近ごろの原動力になってるものだったり、いろんな話が聞ける。みんなの話を聞くと、子どものころからこのステージを夢に見てきた人たちと一緒にライブをしてるんだって気づかされる。わたしが12歳で曲づくりをはじめたのと同じように、ダンサーたちも4歳のときに、ある朝目が覚めて「ダンサーになろう」って決めた。そして今、その夢を叶えた。

――――『1989』ワールドツアーにて　2015年12月20日

47 『レピュテーション』

これ（『レピュテーション』）は『１９８９』よりも、かなり少ない制作陣でつくりあげた。『１９８９』で一緒に仕事をした人たちのなかから、数人を選んだの。彼らのように才能あふれる人たちなら、『１９８９』のイメージを壊して、完全に新しいものをつくってくれるだろうと思ったから。

――『レピュテーション』シークレット・セッションにて　2017年10月

48 ｜ アルバムの5曲目

過去に発表したどのアルバムでも、5曲目には伝説級の名曲が収録されてる。アルバム制作中は「今回も5曲目はお気に入りになるはず。5曲目は心を揺さぶる、繊細な曲になるって決まっているもの」って思っちゃう。

――『レピュテーション』シークレット・セッションにて　2017年10月

49 ｜ 『キング・オブ・マイ・ハート』

曲を構成するすべてのセクションが、より深い関係を築こうとしてるように聞こえる音楽をつくりたいとずっと思ってた。詩の1行1行が、ブリッジやコーラスが、それぞれ恋愛関係の局面そのものであるかのように。それぞれに独立した意思を持たせたい。そして曲が進むにつれて深さと速度を増していきたい。それをついに実現させたのが『キング・オブ・マイ・ハート』なの。

――『レピュテーション』シークレット・セッションにて　2017年10月

50 ｜ アルバムがリリースされたら

このアルバムがリリースされたら、ゴシップサイトは歌詞を隅々まで分析するんでしょうね。それぞれの曲の題材になった男性探しに躍起になるはず。まるでDNA検査でもするかのように、曲づくりに要した創造性のきっかけを簡単に見つけられるとでも思ってるみたい。間違った仮説の証拠だと言い張って、何枚もの写真をサイトに貼り付けるのよね。今の時代、写真がないとだれも信じてくれないみたい。詳しい説明なんてする気もない。そこにあるのは、評判（レピュテーション）だけ。

――――レピュテーション付録雑誌『なぜ彼女は姿を消したのか』
2017年11月10日

51｜人間ってものは

人付き合いや物事が簡単で単純明快だったらいいのにって思っていても、人間ってものは本質的に単純にはできてないのよね。根っからの善人や悪人なんて存在しない。自分の最悪な部分と最高の部分、だれにも言えない秘密だとか、食事会で決まってする話なんかの寄せ集めで形づくられているのがわたしたちなんだから。

――――レピュテーション付録雑誌『なぜ彼女は姿を消したのか』
2017年11月10日

52｜自分に正直になる勇気

自分の気持ちをさらけだすのは、どんな意図であれ、どんな状況であれ、とても勇気のいることよね。だけど、社会から白い目で見られるかもしれないとわかっていながら、自分の気持ちに正直になって愛すべき人を素直に愛するには、もっと大きな勇気が必要になる。気持ちに正直でいるため、ありのままの自分で生きていくため、自分のアイデンティティを守るため……勇気を持ちつづけている人たちへ、愛と尊敬の意を送りたい。このプライド月間[33]の間だけじゃなくて、どんなときでも変わらずに。やっとここまで辿りついたことを祝う月でもある。それと同時に、目指すべき未来がどれほど遠くにあるかを理解しておかなくちゃいけない。

――――『レピュテーション』スタジアムツアー イリノイ州シカゴにて
2018年6月2日

33）アメリカをはじめ世界各国で広まっているLGBTQの権利を主張するための祝祭でもあり、政治的活動でもある。

53 |『ニュー・イヤーズ・デイ』

２年前の大みそかのことなんだけど、急に自分が無敵なんじゃないかって気になって、とにかく最高の気分を味わった。深夜のテンションってやつよね。真冬のプールにだって飛びこんじゃいそうな勢いだった。その瞬間は、何が起きてもヘッチャラだって本気で思ってるんだけど、翌朝になると自分はとんでもなく弱い人間だって気になっちゃう。そして思うの。「これが愛なのね。人を愛するって、こういうことなんだ」って。だれだって、深夜になればキスをする相手を探し求めるものよ[34]。それは別にいいんだけど、「クスリを飲まなきゃやってらんない」とか言ってた人と翌日も一緒にいたいと思う人は、どこにもいないってこと。『ニュー・イヤーズ・デイ』は、真実の愛と、新年の１日目を一緒に過ごす相手を探してる歌なの。

――――――「テイラー・スウィフト・ナウ」シークレット・ショーにて
2018年6月28日

34）アメリカでは年が変わる深夜0時ちょうどにキスをする風習があることから、その相手を探し求める、という意味。

54 | 立ち止まったときのこと

アルバムの収録、リリース、そしてツアー。それが、わたしのライフワークだった。『１９８９』のワールドツアーを終えるまで、何度も何度も繰り返してきた。でも、ふと思ったの。ちょっと立ち止まる必要があるんじゃないかって。何かを制作して発表する、このサイクルを壊したとき、１人の人間としてどうなるのかを考えるべきなんじゃないかってね。スポットライトから外れた人生って、いったいどんなものなのか知りたかった。不安がなかったわけじゃない。「どうしよう、もうライブに来てくれなくなっちゃうかも。わたしのことなんて忘れて、別の人のファンになっちゃうかもしれない。キラキラのドレスを着た人なんて、たくさんいるもん」なんて思ったりもした。だけど、休みたいって言うわたしを、みんなは支えてくれた。本当に感激したし、うれしい驚きだった。すごく親身になってくれたもの。「気にしないで、幸せを追って！　テイラーには幸せでいてほしいの！」って、そう言ってくれた気がした。

――――――『レピュテーション』スタジアムツアー マサチューセッツ州
フォックスボロにて　2018年7月26日

55 『レピュテーション』で伝えたかったこと

はっきり言うと、『レピュテーション』は騒音のなかで愛を探しているアルバムなの。はじまりはただの騒音にすぎない。だけど、それがどんな気持ちにさせるかを感じてほしかった。真実とは違うことを好き勝手に言われたら、どんな気持ちになるか。ずっと反発して、評判（レピュテーション）に立ち向かいながら生きるのが、どんな気持ちかを知ってほしかった。

――「テイラー・スウィフト〜ロード・トゥ・レピュテーション〜」2018年9月28日

56 ストリーミング

この業界の未来について考える上で、レコード会社と同じ目線に立つということはすごく重要なことなの。ストリーミングで何でもできるようになった世界がもたらしてくれた新たなチャンスを目の当たりにして、今のわたしは創作意欲の塊って感じ。それと同時に、ストリーミングっていうのは、アーティストや作詞・作曲家、プロデューサーたちがつくりあげた魔法があってこそ成り立ち、そして発展していくものだと強く感じてる。

――インスタグラムへの投稿　2018年11月19日

57 関係が終わったあとに

何年もの歳月をかけて、いろんなことを経験すればするほど、ガッカリすることも増えると思う。きっと、より現実的に物事を考えるようになる。だからといって、だれかと出会ってもすぐサヨナラってわけじゃない。お互いに好きな気持ちがあるなら、それは永遠につづくものでしょ。でも恋愛に関しては、そんなふうに考えられなくなっちゃった。愛については、どこか諦め半分みたいな感じで考えているところがあるの。だからだれかに出会っていい感じになっても、最初に思うのは「この関係が終わったとき、わたしのことを嫌いにならないでいてくれるといいな」ってことなの。

——『1989』より『ワイルデスト・ドリームズ』コメンタリー
（ビッグマシン・ラジオ・リリース・スペシャル） 2018年12月13日

58 | 真実の愛

その愛情を大事にしたいと思えて、そのためにがんばれるって思うのなら、それが真実の愛だと思う。

——『フィアレス』より『ラヴ・ストーリー』コメンタリー
（ビッグマシン・ラジオ・リリース・スペシャル） 2018年12月13日

59 | 変化

自分の私生活が、あらゆるところで議論されていて、批判されて、論争の的になったり、話題になったりしているのを強く感じていた。そのせいで、自分の名前が汚されたような気さえしていた。それに、どの論点も音楽についてじゃないっていうのが悲しくてたまらなかった。『レッド』という自信作を完成させて、世界中でツアーをして、満員のスタジアムで歌っても、みんなが話題にするのは私生活のことだけ。『１９８９』のレコーディング終盤で、やっと人生を取り戻したように感じられた。自分の音楽が第一線に立っていると再び感じることができたし、自分のペースで自分の人生を歩んでいると実感することもできた。人から何を言われても、まったく気にならなくなった。そうしたら、どうでもいいようなことを話題にする人たちが減ったの。

――『1989』より『クリーン』コメンタリー
（ビッグマシン・ラジオ・リリース・スペシャル）　2018年12月13日

60 『タイド・トゥギャザー・ウィズ・ア・スマイル』

とても仲のいい友だちに、美人コンテストの優勝者がいる。みんなの憧れで、男性はだれもが彼女と付き合いたいと夢に見るような女性よ。『タイド・トゥギャザー・ウィズ・ア・スマイル』という曲を書いたのは、そんな彼女が摂食障害に苦しんでいることを知ったから。強いと信じていたものの弱さを目の当たりにすると、まるで人生が歩みを止めてしまったかのように感じる。

――『テイラー・スウィフト』より
『タイド・トゥゲザー・ウィズ・ア・スマイル』コメンタリー
（ビッグマシン・ラジオ・リリース・スペシャル）　2018年12月13日

61 『バッド・ブラッド』

『バッド・ブラッド』は、ちょっと前に経験したことを書いた曲なんだけど、今までとはまったく違う、新しいタイプの失恋って感じだった。絶対に友だちになりたいと思ってた人がいて、やっと友だちになれたと思ってたんだけど……彼女はわたしを友だちだとは思ってなかったってことを、わかりやすくアピールされちゃった。彼女との関係のなかで、わたしが声をあげたのはこの曲がはじめてなの。出会ったときから彼女のほうが怖いもの知らずで、自己主張の激しいタイプだったから。でも、やっぱり自分のために声をあげるのって大切なことなの。だから、勇気をだせる唯一の場所が音楽だとするなら、言いたいことはすべて曲に詰めこんで伝えるべきでしょ。

――『1989』より『バッド・ブラッド』コメンタリー
（ビッグマシン・ラジオ・リリース・スペシャル） 2018年12月13日

62 『オール・トゥ・ウェル』

この曲には、2つの命が宿っているように感じてるの。1つめの命は、心の浄化だったり、感情の発散だったり、乗り越えなくてはいけない物事を理解して、受け止めようとする気持ちをわたしが詰めこんだときに生まれた命。そしてこの曲が世界に旅立ったとき、みんなの手によってまったく新しい命が与えられた。この曲を思い出のコラージュに変えてくれたの。みんなが大きな声で歌ってくれたシーンとか、歌詞を書き写した日記帳をネットに投稿してくれたり、歌詞をタトゥーで彫ったんだって手首を見せてくれたり……そんな場面が次々とよみがえってくる。みんなのおかげで『オール・トゥ・ウェル』は生まれ変わったの。

――『レピュテーション』スタジアムツアーにて 2018年12月31日

63 | 曲をつくることは

曲をつくることは、わたしにとって鎧を着るようなもの。自分の人生を歌にすることは、弱さをさらけだすことと同じだと思われることが多いから、変に聞こえるかもしれないけどね。でも、歌として書きつづっていると、人生を見つめ直せる。そうやって、自分の身に起きたことを受け止めてるの。うれしい出来事も、悲しい出来事もね。うれしい出来事に心から感謝したり、悲しい出来事を受け入れたりしながら曲づくりをするのが好き。

―――――――― タイム・100・ガラにて　2019年4月23日

確かなもの

このスタジアムに集まってくれた全員に共通する点を1つ挙げるとするなら、それは多分、みんなが確かなものを探し求めているということだと思う。たとえば、本当の友情とか、真実の愛とか、強烈に心を揺さぶる人だとか、ウソ偽りのない正直さで接してくれる人だとかね。わたしたちが生涯で探し求めているものは、そういうものなんじゃないかな。だからこそ、確かなものを見つける可能性を脅かすものを、何より恐れるのだと思う。

――『レピュテーション』スタジアムツアーにて　2018年12月31日

If I had to take a guess and say the one thing that probably everybody in this stadium has in common, I think I would say that one thing would be that we all like the feeling of finding something real, like, you know, finding real friendship, finding real love, somebody who really gets you or someone who's really honest with you. I think that's what we're really all looking for in life, and I think that the things that can scare us the most in life are the things that we think will threaten the prospect of us finding something real.

編者　ヘレナ・ハント（Helena Hunt）
イリノイ州シカゴに住む編集者。

訳者　梅澤乃奈（うめざわ　のな）
字幕・出版翻訳者。アニメからドキュメンタリーまで、幅広い映像作品の字幕翻訳を担当している。訳書に『もしもワニに襲われたら』（文響社）、担当字幕作品に『ミス・アメリカーナ』（Netflix）がある。

テイラー・スウィフトの生声
本人自らの発言だからこそ見える真実

2023年10月11日　第1刷発行

編　者　ヘレナ・ハント
訳　者　梅澤乃奈

装　丁　トサカデザイン（戸倉巌、小酒保子）
本文デザイン　高橋明香（おかっぱ製作所）
本文DTP　有限会社天龍社
編集協力＋校正　日本アイアール株式会社
翻訳協力　株式会社アメリア・ネットワーク
編　集　曽我彩＋麻生麗子＋平沢拓＋関美菜子（文響社）

発行者　山本周嗣
発行所　株式会社文響社
〒105-0001
東京都港区虎ノ門2-2-5　共同通信会館9F
ホームページ　https://bunkyosha.com
お問い合わせ　info@bunkyosha.com

印刷・製本　中央精版印刷株式会社

ISBN 978-4-86651-671-4

この本に関するご意見・ご感想をお寄せいただく場合は、郵送またはメール（info@bunkyosha.com）にてお送りください。

写真：Ray Grabowski/アフロ（P.25）、写真：AP/アフロ（P.35、P.73）、写真：ロイター/アフロ（P.59、P.117）、写真：INSTARimages/アフロ（P.127）、写真：The Mega Agency/アフロ（P.179）、写真：John Salangsang/Invision/AP/アフロ（P.191）、写真：Splash/アフロ（P.225）、写真：Rick Scuteri/Invision/AP/アフロ（P.255）